길거리 학습특강

일상적 삶으로부터 배우고 익히는 학습의 지혜

유영만 저

학 지 사
www.hakjisa.co.kr

일상에서 다시 생각해 보는 학습의 본질과 의미

　우리에게 학습은 무엇인가? 무엇이 될 수 있는가? 과연 학습은 어떠한 활동이 되어야 하는가? 그 동안 우리는 교과서에 등장하는 사전적 정의를 암기하고 복제하는 데 익숙해 왔다. 이러한 학습이 구체적으로 우리 삶과 어떤 연관이 있으며, 그 속에서 어떠한 학습이 어떤 과정을 통해서 발생하는지에 대한 관심은 상대적으로 희박했다. 학습을 삶과 거리가 먼 실험실이나 골방으로 밀어 넣고 역동적이고 복잡할 수밖에 없는 일상적 삶과 거리를 의도적으로 유지시켜 왔다.

　학습을 인간행동의 변화나 사고방식의 변화, 더 나아가 세상을 바라보는 안목과 관점의 변화정도로만 인식해 왔다. 주로 책에 나오는 교과서적 정의이며 사전에 나오는 기술적 정의들이었다. 이러한 정의는 내가 발을 딛고 서 있는 구체적인 삶의 현장에서 고뇌의 과정을 통해 특정한 문제의식을 바탕으로 만들어 낸 정의가 아니기 때문에 그냥 시험에 나오면 암기해야 될 정의이지 내가 지금 여기서 직면하고 있는 문제상황에 유용한 도움을 제공해 줄 수 있는 그런 정의는 아니었다. 이제 학습을 밀폐된 실험실이나 골방에서 해방시켜 그것을 통해서 무엇을 할 수 있으며, 무엇을 해야만 하는지에 대한 논의를 일상적 삶과 결부시켜 전개해 나갈 필요가 있다.

이 책을 통해서 필자는 무엇보다도 학습을 일상적 삶과 함께하는 삶의 한 부분임을 강조하고 삶은 학습을 통해서 학습은 삶을 통해서 비로소 완성될 수 있다는 호혜적 관계임을 밝혀 보고자 한다. 그래서 학습을 통해서 무엇이 가능하며 그러한 가능성을 통해서 우리가 추구해야 되는 바람직한 삶의 모습까지도 모색해 보는 시도를 한다.

이 책에서 강조하는 학습의 본질적 속성 중에서 가장 대표적인 속성으로 '관계'를 지적할 수 있다. 학습은 기본적으로 독립적인 정보들 간의 관계를 찾아 새로운 틀로 엮어 내는 과정이며, 그 과정에 새로운 의미를 부여해서 새로운 관계맺음의 방식을 만들어 가는 과정이기도 하다. 궁극적으로 학습을 통해서 이 세상에 존재하는 모든 생물과 사물은 따로 떨어져 독립적으로 존재하는 것이 아니라 다 연결되어 있다는 관계론적 사고방식을 체득하는 과정이다. 이러한 체득의 과정은 평범한 사람들이 일상적 삶 속에서, 일하는 삶을 통해서 자연스럽게 터득하는 과정이라는 점에서 그 동안 일상적 삶과 격리된 실험실 속에서 이루어진 '골방학습'과는 여러 가지 점에서 차이가 있다.

이 책이 궁극적으로 부르짖고자 하는 메시지 중의 하나는 골방학습의 폐해를 지적하고 우리 삶과 직결되어 있는 '거리의 학

습'이다. '거리의 학습'은 우리가 발을 딛고 서 있는 현실이 모
두 학습무대이다. 따라서 '거리의 학습'에서는 학습과 삶, 삶과
학습이 두 개의 독립적인 별개의 활동이 아니라 하나의 활동으
로 통합되어 새롭게 부각된다. 이러한 문제의식하에 이 책에서
제시되고 있는 수많은 학습에 관한 담론은 인위적으로 통제된
실험실을 박차고 자유와 해방을 찾아 거리로 나온 학습현상을
남과 다른 문제의식으로 뒤적거려 보고 파헤쳐 보면서 느낀 점
을 정리한 산물이다. 너무나 우리와 가까이 존재하고 밀착되어
서 함께 부대끼면서 살아왔기에 모르고 있었을 뿐이지 이미 존
재해 왔던 평범한 삶의 흔적들이다.

　따라서 이 책에 제시되고 있는 다양할 수밖에 없는 학습에 대
한 정의 또는 개념화의 결과는 그러한 삶의 흔적들을 학습이라
는 문제의식과 눈으로 바라보는 가운데 탄생한 잠정적 산물에
지나지 않는다. 앞으로 더욱 보듬고 다듬어서 가꾸어야 될 학습
에 대한 필자의 작은 노력의 산물이다.

　궁극적으로 필자는 일상적 삶과 함께하는 학습현상을 탐구해
서 '삶으로 뛰어드는 학습', '삶과 함께하는 학습'에 필요한 학
습에 대한 개념화·이론화 작업을 통해서 '앎'과 '삶'과 '옳음'
이 하나로 통합되는 작은 시도를 하는 데 그 목적을 두고 있다.
언제부터인지 '앎'은 '삶'에서 격리되어 '앎'의 과정이 진행될
수록 '삶'과의 거리는 멀어지고 그래서 '앎'의 결과가 '삶'과
어울릴 수 없는 다른 세상의 얘기를 전개하기에 이르렀다. 더욱
더 심각한 문제는 그런 '앎'을 추구하는 여정이 삶과 점점 동떨
어져 가고 있을 뿐만 아니라 '옳음'이라는 지향가치를 상실하고

방향감없이 표류하고 있다는 점이다. 즉, '앎'의 여정이 '삶'과 거리가 멀어지면서 '옳음'의 궤도를 이탈하여 무한궤도를 겁없이 돌고 있는 자가당착의 논리에 빠져 있다는 점을 망실(忘失)하고 있는 것이다. 앎의 여정은 삶이라는 무대 위에서 끊임없이 자기 성찰적으로 물어보고 그 물음에 대답하며 그 물음에 대한 대답이 옳고 그른지를 부단히 자문(自問)해 보는 과정의 연속이라야 한다.

자기 성찰적 물음과 대답 그리고 옳음의 가치판단 기준에 비추어 제기되는 자문의 과정은 다시 함께 삶을 영위하는 사람들과의 집단적 연대 위에서 실천으로 연결될 수 있어야 한다. 앎의 여정과 결과가 실천의 연대망으로 연결되지 못하고 자기 만족이나 자기 깨달음의 수준에 머무른다면 온전한 학습이라고 볼 수 없다.

이러한 맥락에서 이 책은 학습(學習)의 '학(學)'보다는 '습(習)'을 강조한다. '학'은 배우는 과정이고 '습'은 배운 바를 직접 적용하고 실천하는 과정이다. 배운 바는 많지만 배운 바를 실제로 적용하고 실천해서 자기 것으로 내면화·체화(體化)시키는 과정이 생략된 절름발이 학습활동이 주종을 이루어 왔다. 따라서 아는 바는 많지만 아는 바를 실제로 할 수 있는 상태의 학습이 이루어지지 않은 경우가 많았다. 이제까지 많은 사람들이 실로 엄청난 시간을 투자해서 무수히 많은 사실적 정보나 지식을 깨우치고 터득해 왔지만 구체적인 삶의 현장에 적용되어 개인차원의 사고나 행동방식의 변화는 물론 조직차원의 거시적이고 중장기적인 현장의 변화를 이끌어 내지 못했다.

　학습의 궁극적인 목적은 단순히 어떤 현상을 설명하거나 사실
적 정보를 기억하는 데 있지 않고 직접 실천할 수 있는 상태로
끌어올리는 데 있다. 보다 구체적으로 남들이 보지 못하는 현상
의 이면을 꿰뚫어 통찰하고 왜 그런지를 설명하고 이해할 수 있
을 뿐만 아니라 그러한 이해를 바탕으로 문제가 되고 있는 현실
을 일정한 방향으로 변화시킬 수 있는 실천적 변화 추진력을 체
득하는 데 있다.

　필자는 일상적 삶 속에 숨겨져 있는 다양할 수밖에 없는 현상
의 이면을 부단히 추적·발굴·조사·분석·해석해서 삶과 학
습, 학습과 삶을 불가분의 관계망으로 엮어 내는 작업을 계속할
것이다. 거기서 얻은 학습관련 메타포나 원리 그리고 이를 바탕
으로 구성되는 학습이론들을 기반으로 개인적으로 유의미한 지
식을 창출하고 집단적으로 그러한 지식을 공유하는 연대망을 구
축할 것이다. 이러한 노력은 학습자가 학습무대에 뛰어들어 신
나고 재미있게 학습함으로써 지식이 자연스럽게 용출되고 구성
원 간에 공유되는 선순환적 과정이 전개되는 지식 생태계를 조
성하는 데 일조할 수 있을 것으로 믿어 의심치 않는다. 지식 생
태계 속에서 지식나무가 무럭무럭 자라고 지식나무의 열매가 맺
어져서 풍성한 지식수확을 할 수 있는 그 날을 기다리면서 서문
을 대신할까 한다.

2003년 2월 어느 날
봄이 오는 행당 언덕에서
지식 생태학자 유영만

차 례

배움(學)만 존재하는 학습, 익힘(習)까지 함께하는 학습

날기 위한 몸부림의 학습, 앞을 내다보는 비상(飛翔)의 학습

1
책상 위의 죽은 학습,
일상의 살아 있는 학습

집 그리기와 집 짓기
학습은 집을 짓는 순서대로 집을 그리는 과정이다

사람들에게 자기가 살고 싶은 집을 그려보라고 하면 대부분의 사람들은 일고의 의심없이 자연스럽게 지붕부터 그린다. 지붕을 멋지게 그린 다음 천천히 밑으로 내려오면서 집을 완성한다. 간혹 주변 배경부터 그리고 밑에서부터 집을 그리면서 위로 올라가는 사람도 있지만 많은 사람들이 지붕부터 그리는 것이 너무도 당연한 것처럼 생각한다. 그런데 여기서 이런 문제제기를 하면 사람들은 자신이 왜 지붕부터 그리는지에 대해서 조금씩 문제의식을 갖게 된다. 즉, 지붕부터 집을 짓는 사람이나 현장을 본 적이 있는가 질문할 때 그 누구도 집을 지붕부터 짓는 사람이나 건설현장을 목격한 사람은 없기 때문에 자신이 집을 지붕부터 그리는 것에 대해서 문제의식을 갖기 시작하는 것이다.

그 동안 우리 교육은 집을 짓는 순서와는 정반대로 집을 그리는 방식과 요령을 가르쳐 왔다. 문제는 집을 그리는 순서와 집을 짓는 순서가 왜 다른지에 대해서 많은 사람들이 그렇게 심각한 문제의식을 갖지 않는다는 데에 있다.

집 그리기와 집 짓기는 이론과 실제에 해당한다. 흔히 이론과 실제는 다르다. 물론 이론은 실천현장에서 일어나는 다양한 현상들의 이면에 존재하는 법칙을 발견하고 이를 체계화시키는 논리적 활동이요, 실제는 이러한 이론을 특정 문제를 해결하거나 미래의 전략적 과제를 추진하는 과정에 적용하고 모종의 변화를 도모하는 실천활동이다. 그런데 문제는 이론과 실천이 그렇게 확연하게 구분되지 않을 뿐더러 별개의 독립적인 활동이 아니라는 점이다. 따라서 이론은 실제를 매개로 이루어지는 논리적 활동이며, 실제는 그것을 배경으로 구성된 이론을 적용하고 일정한 변화를 일으키기 위한 모종의 조치가 이루어지는 과정이자 무대이다. 따라서 이론이 살아가는 무대도 실천현장이요, 실제가 존재하는 공간도 실천현장이다. 결국 이론과 실천은 각각의 모습과 지향하는 바가 다르지만 실천 없는 이론은 공허하고 이론 없는 실천은 맹목적일 수 있다.

지금까지 우리 교육은 실천현장의 작은 변화도 일으키지 못하는 복잡하고 난해한 지식을 주입식으로 가르쳐 왔다는 비난을 받아 왔다. 나아가 교육은 우리가 발을 딛고 서 있는 현실 속에서 벌어지는 문제와 무관하게 대대손손 전해 내려오는 유산과 전통을 단순히 알아야 된다는 강박관념을 심어주는 데 많은 관심과 노력을 기울여 왔다. 전통과 유산도 오늘의 현실에서 어떻게 받아들이느냐가 중요하다. 우리는 이런 전통적 지식과 선현들의 지혜를 배우고 익히는 이유를 분명히 하지 않은 채 그냥 암기하고 주입식의 가르침으로써 야기되는 역기능을 이해하지 못하고 있다. 왜냐하면 우리는 지식을 가르치되 그 지식이 어떤

목적으로 어떻게 활용되어서 어떤 가치를 창출할 수 있을 것인
지에 대한 비판적 문제제기 없이 가장 효과적이고 효율적으로
가르치고 암기하는 데 그 동안 급급했기 때문이다. 우리가 발을
딛고 서 있는 현실을 변화시키는 데에 필요한 것은 그렇게 복잡
하고 난해하며 추상적인 지식과 기술이 필요한 것이 아니라 단
순한 지식이지만 일상에서 우러나온 지식과 기술이다. 하수구
구멍이 막혀서 두 명의 전문가를 초빙한 다음의 사례는 이론과
실천은 하나일 수밖에 없다는 것과 이론의 발생원천은 실제라는
것을 보여준다.

 하수구 구멍이 막힌 곳에 두 명의 전문가, 공학박사와 기능공
이 각각 초빙되었다. 공학박사는 우선 하수구 구멍이 막힌 위치
를 정확하게 알아내기 위해서 X-레이를 찍고 측량기계를 동원하
였다. 그는 막힌 하수구 구멍을 뚫기 위해 자신이 박사학위를
받을 때까지 배운 지식과 노하우를 총동원하여 여러 가지 궁리
를 하면서 다양한 시도를 해보았지만 한나절이 지나도록 하수구
구멍은 뚫리지 않았다. 이번에는 초등학교도 못 나온 기능공을
불러서 막힌 하수구 구멍을 뚫으라고 했더니 그는 복잡한 분석
과 사전활동을 하지 않고 하수구 구멍 뚫는 진공도구로 하수구
구멍을 단숨에 뚫어 버리는 것이 아닌가? 이를 지켜본 공학박사
는 "하수구 구멍은 저렇게 뚫는 것이구나!"라고 감탄하면서 이
제까지 습득했던 자신의 지식과 기술이 하수구 구멍을 뚫는 데
에 별다른 도움이 되지 않음을 뼈저리게 느꼈다고 한다. 그 공
학박사는 일상생활에서 직면하는 문제를 해결하기 위해서 필요
한 지식과 기술은 난해한 수학공식과 공학적 지식이 아니라 일

상적 삶에서 살아있는 학습이어야 한다는 것을 절실히 느꼈던
것이다. 자신이 보유하고 있는 복잡하고 난해한 지식과 기술보
다는 새로운 학습방식을 통한 새로운 지식과 기술개발에 전념했
다고 한다.

위의 이야기가 우리 교육에 시사하는 바는 교육은 철저하게
일상적 삶과 밀착되어야 하며, 일상(日常)은 책상(冊床)에서 가르
칠 수 없다는 점이다. 일상은 책상과는 달리 복잡하고 애매모호
하며 역동적이고 불확실한 세계이다. 이러한 세계는 일상과 동
떨어진 책상에서 아무리 효과적이고 효율적으로 가르쳐도 결코
일상에 접근할 수 없으며, 일상을 변화시킬 수 있는 살아 숨쉬
는 교육이 될 수 없다. 일상에서 발견되는 구체적인 사례와 경
험을 중시하는 교육, 일상을 변화시키는 데 필요한 살아 있는
지식을 창출하는 교육, 함께 공유하면서 우리 모두의 삶의 터전
을 바람직한 방향으로 끌어가는 그런 교육이야말로 진정한 교육
이라 말할 수 있지 않을까 생각된다.

발과 건빵,* 그리고 상호연계성의 중요성
학습은 보이지 않는 관계를 통찰하는 과정이다

발과 건빵 사이에는 무슨 관계가 있을까? 아무리 들여다보아도 발과 건빵은 이질적인 객체로서 둘 사이에는 그 어떠한 공통점도 발견할 수 없으며, 잠재되어 있는 구조적 관계도 존재하지 않는다. 누군가가 발가락으로 건빵을 집어 먹었을까? 그래서 발은 건빵을 집어 먹기 위한 수단으로 작용한다고 말할 수 있을까? 건빵을 발로 밟아서 못 먹게 된 것일까? 아무리 생각해 보아도 발과 건빵 사이에는 아무런 관계가 없는 독립적 개체로서 각각 다른 기능과 역할을 발휘하는 것으로 이해할 수밖에 없다.

그러나 발과 건빵이 어떤 특정 상황적 맥락 속에 있느냐에 따라 발과 건빵은 따로 떼어서 생각할 수 없는 불가분의 관계라는 것을 발견할 수도 있다. 발과 건빵 사이에서 어떤 관계망을 포

---

* '발과 건빵' 이야기는 신영복 교수님 홈페이지(http://www.shinyoungbok. pe.kr/)에서 아이디어를 얻었음을 밝힌다.

착할 수 있을까? 전혀 이질적인 객체 사이에 존재하는 관계의 본질을 포착하는 일이야말로 학습의 정수에 해당한다. 겉으로 보기에는 아무런 관계가 없는 것처럼 보이지만 주도면밀하게 살펴보면 아주 긴밀한 관계가 둘 사이를 연계시켜 주고 있음을 발견할 수 있다.

교도소에서 건빵을 먹을 때 옆 사람에게 건빵 먹는 소리가 들리지 않도록 하기 위해서는 세 개 정도의 건빵을 입에 넣어 침으로 녹여가면서 먹으면 가능하다고 한다. 그러나 건빵이 세 개가 넘어서면 침의 분비에 한계가 있기 때문에 소리가 나기 시작한다고 한다. 건빵을 먹던 사람이 목이 말라서 화장실에 가서 물을 마시고 오다가 옆 사람 발을 밟았다. 혼자만 건빵을 먹는 것도 신경질나는 일인데 거기다가 자신의 발까지 밟았으니 한판 싸움거리로서 손색이 없다 싶어서 밟힌 사람이 일어나 멱살을 붙잡아 결국 심한 싸움이 일어났다.

여기서 싸움이라는 현상은 결과론적으로 일어난 것이지만 무엇 때문에 싸움이 일어났는지를 잘 살펴볼 필요가 있다. 물론 건빵을 먹었던 사람과 평소 쌓인 감정이 폭발해서 더 격렬한 싸움을 부채질할 수도 있었지만 일차적인 원인 제공은 건빵을 혼자서만 먹었다는 일이며, 나아가 자신의 발을 밟았다는 사실이다. 이 사람이 왜 발을 밟았을까? 그냥 잠을 청했으면 발을 밟을 일이 없었을 텐데 화장실에 갔다 오다가 발을 밟았다. 왜 이 사람은 화장실에 갔다와야 했을까? 건빵을 먹다가 목이 말라서 다녀오는 길이었다. 화장실을 가게 만든 장본인은 무엇인가? 건빵을 먹지 않았다면 이 사람은 굳이 화장실에 갔다오지 않아도 되었을 것이다.

　결국 '건빵-화장실-발-싸움'의 상호연계성이라는 흐름의 맥락 속에서 생각해야만 싸움이 일어난 현상을 충분히 이해할 수 있음을 알 수 있다. 표면적으로 이것은 싸움과 전혀 관계가 없는 것처럼 보이지만 원인과 결과, 표층현상과 이면에 잠재되어 있는 활동의 구조를 분석하고 따져보면 발과 건빵은 싸움을 발생시키는 데 혁혁한 공헌을 한 장본인이었음을 간파해낼 수 있을 것이다. 발과 건빵처럼 우리 주변에는 전혀 관계가 없는 것처럼 보이지만 그 이면을 심층적으로 분석하고 종합해 보면 아주 긴밀한 상호의존성과 상호관계성을 포착해낼 수 있다.

　불교철학의 핵심이 상호의존성(interdependence)이 아니든가? 이 세상에 존재하는 모든 것 중에서 따로 떨어져 독립적으로 존재하는 것은 아무것도 없다! 모두가 연결되어 있다! 지금 내가 하고 있는 하찮은 하나의 생각과 행동도 모두 다른 사람의 생각과 행동과 긴밀하게 연결되어 있으며, 내 주변에서 발생하고 있는 수많은 일들도 이 세상의 그 어느 지역에서 발생하는 다른 사태, 현상, 사건과 긴밀하게 연결되어 있다면 과연 믿을 것인가? 이질적인 것 사이에 존재하는 관계의 본질을 포착해서 의미를 부여하고 이면에 숨겨져 있는 구조를 캐내는 힘이 그 어느 때보다도 절실히 요청되고 있음을 왜 우리는 모르고 지내는 것일까?

지하철에서의 자리잡기와 관계론적 위기치유를 위한 교육

학습은 무너진 관계의 본질을 개선하는 과정이다

많은 사람들이 지하철을 타고 다니면서부터 이제 지하철은 없어서는 안 되는 편리한 교통수단이 되었다. 특히 교통체증이 심각한 서울시내에서 지하철은 약속시간을 정확히 맞춰 주는 가장 각광받는 시민의 발이 되었다. 많은 사람들이 지하철을 이용하면서 지하철에 관한 재미있는 이야기도 많이 존재한다. 그중에서 가장 일상적으로 벌어지는 지하철에서의 재미있는 자리잡기 노하우를 소개하면서 우리 사회가 직면하고 있는 하나의 문제점을 드러내 보이고자 한다. 다음 이야기는 비록 우리 일상에서 자주 발생하는 일이지만 이러한 사태의 이면에 잠재되어 있는 사회구조적 문제점을 보여 주며, 이를 통하여 우리는 지금 우리 사회가 직면하고 있는 현실의 한 단면을 읽어 낼 수 있다. 나아가 이를 바탕으로 한국교육이 그 동안 간과해 왔던 고질적 문제점을 치유할 수 있는 하나의 방향성을 제시해 준다.

많은 사람들이 지하철을 타자마자 우선적으로 조치하는 행동은 우선 빈 자리가 있는지를 확인하는 것이다. 차창 밖에서 빈 자리를 어느 정도 확인하고 그 자리를 포착하기 위해 지하철이 멈추면 문이 열리자마자 치열한 경쟁이 시작된다. 만약 간발의 차이로 그 자리를 잡지 못하면 또 다른 공간에 혹시나 빈 자리가 없을까를 물색하는 후속적인 조치가 빠르게 진행된다. 그렇게 찾다가 약간의 빈 공간이라도 보이면 비집고 들어서는 중년 남성과 여성들이 가끔씩 목격된다. 만약에 이런저런 기회를 모두 놓치고 이제 서서 가야 된다는 판단이 들면 이제 누구 앞에 서 있어야 앉을 확률이 높은지를 머릿속으로 계산하기 시작한다. 이때부터 IQ보다는 소위 JQ(잔머리 Q)가 빠르게 돌아가기 시작한다. 과연 누가 얼마 가지 않아서 내릴 것인가? 이것이 고민이다.

보통 다음 역이나 얼마 가지 않아서 내릴 것 같은 사람은, 여러 번 관찰을 통해서 알 수 있는 사실이지만, 몇 가지 공통적인 특징을 발견할 수 있다. 예를 들어, 시계를 자주 보는 사람, 지하철 노선도를 보는 사람, 선반이나 무릎 위에 올려놓은 가방을 챙기는 사람, 행동거지와 표정이 불안한 사람 등 이런저런 표정과 행동거지로 아무 생각없이 상념에 잠겨 있지 않은 사람은 조만간 내릴 예정임을 암시하는 것이다.

이러한 일상의 현상 속에 나타나는 단순한 사실적 정보도 그대로 지나치면 그야말로 아무런 의미가 없는 사실적 데이터로 끝날 수 있지만 이러한 단순한 데이터를 수집, 일정한 체계에 따라 정리하고 구조화시키면 특정 상황에서 모종의 의사결정을 할 때 아주 요긴하게 이용될 수 있는 정보로서의 기능을 충분히 발휘한다. 정보를 실제로 활용했을 때 그 정보가 나름대로의 효용가치를 발휘하게 되어 그것을 통하여 일정한 가치나 혜택을 입은 사람에게는 정보가 지식으로 전환된 경우라고 볼 수 있다. 즉, 정보를 활용하여 모종의 가치창출에 기여했다면 가치창출과정에 기여한 정보는 그 정보를 활용한 사람에게는 새로운 지식으로 보유되게 되는 것이다.

지하철에서 자리를 잡지 못해서 금방 내릴 것 같은 사람 앞에서 있었던 사람도 다년간 연구를 한 끝에 자신의 경험과 축적, 정리한 정보를 토대로 가까운 위치에 앉아 있는 사람 중의 한 사람이 내릴 것 같은 표정과 행동거지를 보여 주고 있어서 그 사람 앞에 서 있게 된 것이다.

그러나 자리에 앉아 있던 사람이 예정대로 다음 역에서 내리고 그 앞에 서 있었던 사람이 앉으려고 하는 순간 다른 사람에게 자리를 빼앗기게 되었다면 문제는 달라진다. 그 자리에 앉지 못한 결정적인 원인이 경로 대상자가 있었다거나 아줌마의 육탄공격이 있었던 것이 아니라, 다음 역에 내리기 위해 일어선 사람 옆에 앉아 있었던 사람이 재빠르게 빈 자리로 옮기고 빈 자리에 옮긴 사람의 앞에 서 있었던 친구를 자신의 자리에 앉히는 바람에 자리에 앉지 못하는 일이 발생한 것이다. 결국, 어이없는 일로 순식간에 자신의 기득권을 놓친 경우라 할 수 있다.

집에 돌아오면서 왜 이런 작태가 사회 곳곳에서 발생하는지를 곰곰이 생각해 본 결과 얻은 결론은 비교적 간단했다. 내린 사람 옆 자리에서 그 옆으로 재빠르게 자리를 옮긴 사람은 자리에 대한 기득권을 보유하고 있었던 사람하고 아무런 관계가 없다고 생각했기 때문에 그런 몰지각한 행동을 하게 된 것이라고 생각해 보았다. 앞으로 너하고 나는 볼 일도 없을 것 같으니 서로 못 본 것으로 하자는 식의 생각이 그 사람으로 하여금 그렇게 자리를 차지하도록 한 것이다. 마치 동물원에 가서 동물들에게 돌멩이를 던지는 행동이 나의 아픔과 아무런 관계가 없다고 생각하는 것처럼 사회 곳곳에서는 나하고는 아무런 관계가 없으니 우선 당장 나의 이익이나 챙겨 보자는 식의 행동이 우리 사회를 병들게 하고 각박한 사회로 줄달음치게 하는 장본인의 역할을 하는 것이다.

  지금 우리 사회가 직면하고 있는 가장 심각한 위기는 관계론의 위기라고 볼 수 있다. 즉, '나와 너' 사이에 '와' 자가 빠지고 '나', '너' 만이 존재하는 극심한 개인 경쟁 패러다임에 물들어 가는 현상이라고 볼 수 있다. '나와 너' 가 함께 더불어 살아가는 우리는 존재하지 않고 경쟁과 상쟁의 상대로서 '나' 와 '너' 라는 개체가 자신의 이익 극대화를 위해 존재할 뿐이다. 경쟁상대를 수단과 방법을 가리지 않고 누르고 올라서야 자신의 생존이 보장된다는 강박관념이 나의 이익 극대화를 위한 치열한 경쟁에 뛰어들도록 하고 있는 것이다. 이제까지 우리 교육은 이와 같이 더불어 살아가는 철학을 구현하지 못하고 자신의 이익을 위해 학교 친구들에게조차도 많은 비밀을 간직하고 살아가게 하고 있다. 이 세상에 존재하는 것 중에 따로 떨어져서 독립적으로 존재하는 것은 아무것도 없다. 모두가 연결되어 있다는 불교 철학의 핵심은 오늘날 우리가 직면하고 있는 관계론적 위기를 극복하는 데 많은 시사점을 던져 주고 있다. 따라서 이제 관심의 공동체를 넘어서서 실천의 연대를 구축하여 더불어 살아가는 '우리' 의 소중함을 일깨우는 교육이 필요하다.

'가위, 바위, 보*와 관계의 세계
학습은 관계의 그물 속에서 나를 파악하는 과정이다

"**손**가락을 모두 쥐면 주먹이 되고 그것을 반대로 모두 펴면 보자기가 됩니다. 이런 게임에서는 결론이 아주 쉽고 뻔합니다. 주먹 아니면 보자기의 흑백에서는 이기고 지는 관계가 이자(二者)로 되어 있어 결정적입니다. 하지만 어떻습니까? 손가락의 반은 쥐고 반을 펴면 주먹과 보자기 사이에 가위가 생겨나게 되고 그 가위 때문에 그 게임은 다이내믹한 순환운동을 하게 됩니다. 보자기는 주먹을 이기고 주먹은 가위를 이깁니다. 그러나 거꾸로 가위는 주먹을 이긴 보자기를 이깁니다. '가위, 바위, 보'에는 관계만이 있을 뿐 그 어떤 것도 정상(頂上)에 선 절대적인 승자는 될 수 없습니다."

이어령 교수님의 고별강연문에 들어 있는 말을 인용해 보았

---

* 이어령 '고별강연문' 출처.

다. 단순한 '가위, 바위, 보' 놀이에 담겨진 철학적 의미를 풀어
내고 여기에 일상적 삶의 지혜를 뽑아내는 노교수의 지적 호기
심과 혜안에 혀를 내두르지 않을 수 없다. 삶의 지혜는 삶의 작
은 현상 즉, 많은 사람들이 그냥 당연한 것으로 아무런 문제의
식 없이 지나치는 바로 그곳에 존재한다. 또한 일상적 삶에 담
겨진 의미심장함도 바로 우리들이 매일같이 살아가는 삶의 터전
곳곳에 숨겨져 있지만 조금만 관심을 갖고 관조해 보고 조망해
보면 깊은 삶의 지혜를 발견할 수 있다. 진정한 의미의 변화, 그
것이 개인적인 변화이든 집단과 조직 전체, 더 나아가 한 사회
를 바꾸어 나가는 데에 필요한 것은 그런 일상적 삶의 관찰에서
발견한 지혜를 직접 적용하고 실천하는 과정이다.

　'가위, 바위, 보'의 세계는 개별적 존재의 우월성이 존재하는
세계가 아니라 '가위, 바위, 보'가 함께하는 가운데 세 가지 독
립적 개체가 만들어 나가는 관계의 세계다. 가위는 보자기를 이
기고, 보자기를 이긴 가위는 다시 주먹에게 지고, 주먹은 다시
보자기에게 질 수밖에 없는 숙명의 관계 속에서 삼자(三者)가 만
들어 가는 역동적인 관계의 세계는 그 맛과 멋을 더해간다. 그
래서 내가 최고이고 나 아닌 다른 사람은 모두 이원적 경쟁구도
속에서 침잠(沈潛)될 수밖에 없다는 상쟁(相爭)의 세계는 더 이상
통용되지 않는다. 상쟁(相爭)의 세계가 아닌 상생(相生)의 세계가
바로 '가위, 바위, 보'의 세계다. 관계의 그물 속에서 나의 존재
가 상대방에게 모종의 선순환적 영향력을 행사하고 그 영향력이
결국은 자신의 존재방식에도 영향을 미치는 세계 또한 '가위,
바위, 보'가 만들어 나가는 관계의 세계다. 이러한 세계에서는
내가 존재하기에 네가 존재하는 의미와 의의가 있고 네가 존재

하기에 나의 존재도 그 의미와 의의가 있다. 따라서 '가위, 바위, 보'의 세계는 관계의 그물과 사슬을 떠나서는 아무런 의미와 의의를 가질 수 없는 세계 속에서 자신의 존재의미를 만들어 나가는 세계라 할 수 있다.

우리는 자주 자신의 존재를 관계의 그물 속에서 파악하지 않고 독립적 개체로 파악하는 성향이 있다. 물론 나의 독립적 개체가 갖는 고유한 특성과 본질은 존재하지만 더불어 만들어 가는 삶의 세계에서는 관계의 세계가 갖는 본질이 더욱 확연히 드러난다. 왜냐하면 인간적 삶의 세계는 자기 혼자 살아가는 세계가 아니라 너와 내가 그리고 우리가 함께 만들어 나가는 관계이기 때문이다. 인간적 삶의 세계는 관계 속에 드리워진 아픔과 기쁨의 숨은 이면을 이해하고 나의 아픔이 나 혼자만의 아픔이 아니라 나와 관계되는 모든 사람들의 아픔이며, 마찬가지로 나의 기쁨이 나와 관계되는 모든 사람들의 기쁨이라는 것을 생각해 볼 필요가 있다. 관계의 세계는 너의 약점이 나로 하여금 강점으로 바뀌고 나의 강점이 때로는 관계 속에서는 한없는 약점으로 바뀌어서 나와 관계를 맺고 있는 다른 사람들의 강점으로 극복되는 그런 세계가 아닐까? 그래서 인간은 선천적으로 관계론적 본성을 갖고 태어나는 것이 아닐까 생각해 본다.

보이는 것과 보이지 않는 것
학습은 보이지 않는 것을 포착해 내는 힘을 기르는 과정이다

세상이 빠르게 변화함에 따라 다양한 모습과 형태로 바뀌면서 보이지 않는 것보다 보이는 것이 더 많아지고 있다. 누드 전화기가 등장해서 전화기 속의 전자회로를 훤히 들여다볼 수 있으며, 정보처리 회로를 모두 볼 수 있는 누드 컴퓨터도 등장한다. '안(內)'의 세계를 일정한 노력을 기울이지 않고도 쉽게 볼 수 있다는 편리함은 '안'으로 들어가 보려고 하는 노력을 초기에 차단한다. 그저 겉으로 드러난 '바깥(外)'의 세계로 '안'을 판정해 버리도록 조장한다. 보이는 세계는 겉으로 드러난 세계이기에 가능하면 짧은 시간 내에 사람들을 현혹시키는 각종 눈가리고 아웅하는 식의 전략과 기법이 판을 치기도 한다. 아주 짧은 시간 내에 사람들의 지각을 유도해서 모종의 의사결정을 이끌어 내기 위해 현란한 기법과 교묘한 관심 끌기 작전을 펼치는 엄청난 광고의 홍수와 길거리의 간판싸움은 모두 보이는 세계 내에서 승패여부를 가리자는 얘기다. 보이는 세계에서 승패여부가 보이지 않는 세계의 승부를 결정하는 일차적인 관문이기

에 유혈투쟁을 하는 것이다.

누드의 세계에서 베일에 쌓인 신비로움을 맛볼 수 없듯이 모든 것을 다 보여 주는 세계에서는 인간으로 하여금 창조적 상상력과 지적 호기심을 자극하는 요인을 찾을 수 없다. 무엇인가 궁금하고 문제의식이 있어야 이를 해소할 수 있는 호기심과 탐구심이 발동한다. 다 보여 준다는 것은 고민할 수 있는 여지를 원천적으로 봉쇄해 버리는 결과를 초래한다. 베일에 쌓인 보이지 않는 신비의 세계가 천천히 누군가의 집요한 노력에 의해 벗겨질 때 도전의 여정이 아름다워 보이고 그 결과가 가져다 주는 멋스러움이 담겨 있다. 고민의 여지를 없애고 생각할 수 있는 화두를 던져 주지 않고 이미 가공된 정답을 제시한다는 것은 결국 학습의 기회를 빼앗아 버린다는 사실도 기억할 필요가 있다.

보이는 세계, 가시적으로 투명한 세계, 그래서 금방 대상과 실체가 무엇인지를 쉽게 간파할 수 있는 세계에서는 조금이라도 불투명하고 애매모호하고 복잡하면 쉽게 그러한 세계를 이해하려는 노력조차 포기해 버리는 성급함으로 치달아 버린다. 즉, 보이는 세계에 물들어 버린 사람들은 점점 더 무엇이든지 빨리 빨리 이해하고 조치하며 행동으로 옮기려는 성향을 보인다. 조금이라도 보이지 않으면 빨리 봐야 직성이 풀린다.

그러나 보이지 않는 세계에는 참을성과 인내심이 요구된다. 세계의 본질을 그렇게 쉽게 보여 주지 않는다. 이를 끈기있게 물고 늘어져야 조금 보여 줄지도 모른다. 대부분의 사람들은 보이지 않는 미지의 세계에 대한 도전정신과 모험정신이 사라져가는 보이지 않는 이유가 무엇인지를 캐내는 데에는 별로 관심이 없는 듯하다.

겉으로 드러난 세계의 이면에는 겉으로 드러난 세계를 움직이고 규제하며 지배하는 그 무엇이 있다. 정말 중요한 사실은 이 세상의 모든 보이는 것은 보이지 않는 구조와 패턴 또는 근본원리에 의해 움직이고 조종되며 일정한 규제를 받고 있다는 사실이다. 보이는 것만을 진리로 삼자는 말과 비록 보이지 않지만 보이는 것을 규제하고 통제하며 조정하는 것을 진리로 삼자는 말이 항상 대립되어 왔다. 눈으로 확인하고 손으로 만지며 코로 냄새를 맡을 수 있고 귀로 들을 수 있는 것만이 존재하는 실체라는 사실을 굳게 믿자는 말도 있다. 이런 세계관을 따른다면 이 세상의 정신세계를 지배하는 보이지 않는 것이 보이는 물질세계를 지배하는 것일까?

겉으로 드러나 보이는 아름다움보다 겉으로 드러나지 않은 이면의 아름다움이 더욱 아름답게 느껴진다. 보이는 아름다움은 가볍고 금방 식상하다. 반면, 보이지 않는 아름다움은 무겁게 다가오지만 오래가고 삶의 깊은 맛을 느끼게 한다. 내면의 아름다움이 축적될 때 자연스럽게 겉으로 묻어 나오는 아름다움은 오래도록 사람의 심금을 때린다. 모두가 보이는 세계에서 한판 승부를 하기 위해 혈안이다. 보이는 세계에서 승리한 사람은 보이지 않는 세계에서의 처절한 실패를 누구보다도 잘 알 수 있을 것이다. 그런데 보이지 않는 세계에서의 성패(成敗)여부는 그 과정에 참여한 본인 뿐만 아니라 결국 다른 사람에게도 언젠가는 알려진다. 왜냐하면 보이는 세계를 조종하는 힘의 근원은 보이지 않는 세계에 잠재되어 있는 힘의 근원에 의해 좌지우지 되기 때문이다.

NQ와 RQ, 그리고 지식
학습은 인접분야와의 관계망을 구축해 나가는 과정이다

소위 말하는 Q들이 몰려오고 있다. 전통적으로 머리 좋은 사람들을 판단하는 잣대로 오랫동안 IQ가 군림해 왔다. "너 IQ가 얼마야?"라는 질문에 기가 죽어 버리는 사람들이 많았다. 얼마 전부터 IQ 대신에 EQ(감성지수)가 높은 사람들이 사회적으로 각광을 받을 수 있다는 말에 많은 사람들이 귀가 솔깃해졌다. IQ가 논리적으로 차가운 머리로 생각하는 이성적 지수라고 한다면 EQ는 감정과 감흥으로 사물을 보고 느끼고 뜨거운 가슴으로 생각하는 감성적 지수라고 볼 수 있다. 그래서 'Cool Head', 'Warm Heart'라는 말도 있듯이 머리는 차가워야 되고 가슴은 뜨거워야 된다는 말이 통용되었다. 차가운 이성으로 생각하기에 뜨거운 감성이 메마르고 논리적으로는 설득당해서 할말은 없지만 뭔가 뒤끝이 찜찜한 경우가 많은 이유는 가슴에 와 닿는 메시지가 없기 때문이다.

오랫동안 이성이 절대 우위를 차지하면서 감성은 이성의 시녀처럼 여겨져 오다가 EQ가 등장하면서 인식과 이해의 과정에 감성의 기능과 역할이 중요한 의미를 지니게 되었다. 주관적이며 비과학적이라고 지배당했던 감정과 감성은 논리적 이성과 과학적 합리성으로 포착할 수 없는 새로운 영역을 다른 방식으로 이해할 수 있다는 가능성의 문을 열어 주었으며, 논리적 이성과는 구분되는 또 다른 인간의 능력이 나름대로 중요한 역할을 발휘할 수 있다는 사실을 보여 줌으로써 우리의 관심을 끌기 시작했다.

일전에 잔머리 Q를 지칭하는 JQ, 소갈머리 Q를 지칭하는 SQ 등을 언급한 바 있다. 이 모든 Q가 하나의 Q에서 또 다른 Q로 전환되면서 이전의 Q가 전혀 쓸모없는 그런 Q로 전락하는 것이 아니라 기존의 Q가 지니고 있는 한계와 문제점을 극복하기 위한 대안으로 등장하고 있다는 것에 우리는 주목할 필요가 있다. 흑백논리로 생각하여 IQ가 이제는 더 이상 쓸모없는 것처럼 호도(好道)되고 있지만 여전히 인간이 보유하고 있는 중요한 능력요인 중에 IQ는 중요한 구성요인으로 이해할 필요가 있다. 다만 특정 Q만으로 인간이 보유하고 있는 능력과 잠재적 가능성을 모두 판단할 수 없음을 자각하는 일이 중요하다.

인터넷이 등장하면서 정보와의 관계망(關係網) 확장이 중요한 관심사로 등장하고 있다. 인간적 접촉을 통해 이루어지던 인맥 구축이 네트워크를 통해서 굳이 대면적 접촉을 통하지 않고도 직접 만나는 만큼의 효과를 거둘 수 있는 관계망 형성과 구축으로 변화되고 있다. 타인과의 관계맺음은 예전부터 인간사의 중요한 일로 여겨져 왔다. 사람과 사람 사이에 맺어지는 관계맺음 방식과 그 본질은 한 개인의 행동특성을 규정할 뿐만 아니라 그 사람의 사고방식에도 결정적인 영향을 미친다. 사람은 사회적 동물이기에 사람들이 구성하는 지식도 사회적으로 구성된다. 지식이 사회적으로 구성되기 때문에 그 사람이 어떤 사회적 관계를 구축하느냐의 여부는 그 사람이 구성하는 지식의 형태와 본질을 지배한다.

이러한 맥락에서 새롭게 대두되고 있는 능력지수가 네트워크 지수 NQ(Network Quotient)다. 네트워크 지수란 한 사람이 지니고 있는 능력 중에서 자신이 지니고 있지 않은 능력을 네트워킹을 통해서 보완하고 자신이 추진하고 있는 특정 과제를 제한된 시간 내에 일정수준의 품질을 유지해서 종료시킬 수 있는 능력 요인이다. 특히 아날로그 사회에서 디지털 사회로 전환되면서 폐쇄적 연줄 공동체가 무너지고 개방적 관심 공동체가 무한대로 확산될 수 있는 가능성의 문이 열리면서 네트워킹 능력(借力; 타인의 Brain Power를 빌어다 쓸 수 있는 힘)이 그 사람의 개인 경쟁력을 좌우하는 관건으로 작용하고 있다.

네트워킹을 통해서 타인의 전문성을 빌어다 쓰기 위해서는 견실한 신뢰를 기반으로 굳건한 인간적 유대관계가 형성될 필요가 있다. 인간적 유대관계는 강한 신뢰를 기반으로 형성되지만 이런 유대관계가 더욱 발전된 모습을 지니기 위해서는 공통의 관심기반이 뒷받침되어야 한다. 그러한 공통적 관심을 토대로 인식의 지평을 넓혀갈 수 있다.

따라서 NQ는 RQ(Relationship Quotient)로 성숙될 필요가 있다. 물론 NQ도 RQ의 일부이지만 NQ가 보유하고 있지 않은 그 무엇을 RQ가 지닐 수가 있다. NQ가 필요에 의해서 이루어지는 쌍방 간의 효용가치 교환관계라면 RQ는 효용가치 창출은 물론 끈끈한 인간적 연결고리를 통해 강하게 결속된 사회적 관계다.

NQ는 쌍방 간에 교환할 수 있는 가치가 부재하면 그 연계관계가 미미해질 수 있다. 기본적으로 공통의 관심과 목표, 인간적 관심과 열정, 구성원 간에 이루어지는 사회적 관계망으로 구성되는 RQ도 여전히 쌍방 간에 효용가치를 교환해서 자신에게 이득이 되는 무엇인가를 획득할 수도 있지만 획득의 목적이 반드시 계산적이지 않다. 경제적 환전가치로 설명할 수 없는 순수한 의도와 오염되지 않은 가치가 중요하게 강조된다. 왜냐하면 RQ의 상승은 여전히 효용가치로 설명할 수 없는 본질적이고 내재적인 가치에 의해서 이루어지기 때문이다.

NQ와 RQ 그리고 지식창출의 관계를 따져볼 필요가 있다. 진정한 의미의 지식은 사람과 사람의 직접적인 접촉으로 창출되고 공유되기에 NQ보다는 RQ가 지식창출 과정에 직접적으로 더 많이 관여한다.

RQ는 보다 장기적인 측면에서 순수하고 본질적 관계맺음 방식에 의해서 구축된다고 볼 때 일정한 관계형성 과정을 통해서 지식은 자연스럽게 공유되고 창출될 수 있다.

RQ의 상승은 끈끈한 인간적 접촉과 유대관계에 의해서 가능하기에 개개인이 맺고 있는 관계의 사슬이 곧 지식유통 경로인 셈이다. 진솔한 대화와 솔직담백한 자기의견의 표출과정과 공유과정은 문서화시킬 수 없는 느낌과 숨은 가정, 특정 지식이 창조, 축적되는 과정에 관여하는 변수들 간의 역동적인 관계를 포착할 수 있는 통로를 마련해 준다. 지식창출의 조건과 환경은 경제적인 측면에서 모색되기보다는 본질적 가치에 순수한 의도 그리고 자발적인 참여과정을 통해서 자연스럽게 구성될 필요가 있다.

그런데 네트워크를 통해서는 오로지 이미 가공된 정보만을 빛의 속도로 유통할 수 있을 뿐, 여기서 지식은 여러 가지 점에서 불가능에 가깝다. 지식은 여전히 인간적 접촉을 통해서 공유되고 창출되어야 한다. 이런 점에서 RQ는 지식창출 조건과 결과를 결정하는 중요한 기반으로 작용한다. NQ보다는 RQ가 지식창출 지수에 가깝다. 네트워크를 통해서 지식이 창출된다고 해도 창출된 지식의 경제적 환전가치에 초점이 맞추어질 수밖에 없다. 경제적 환전가치를 지니지 못하는 그 어떠한 지식도 지식으로서 대접받기 어렵다.

네트워크의 지속가능성(sustainability)은 경제적 환전가치 여부에 달려 있지만 RQ는 쌍방 간에 존재하는 공통의 관심과 입장의 동일함이 내재적 가치에 의해 상승작용을 일으킨다.

권투장갑과 야구장갑

학습은 창조적 긴장감을 유지한 채 적극적으로
참여하는 과정이다

야구장갑은 누군가가 야구공을 던져 주었을 때 비로소 그 효
용성을 발휘하게 된다. 물론 자신이 던진 야구공을 자신이 끼고
있는 야구장갑으로 받아낼 수 있지만 야구경기와는 아무런 관계
없이 자신이 무엇인가를 연습할 경우에만 그 의미가 있다. 따라
서 상대방이 야구 방망이로 때린 야구공을 잡아 낼 때 타자는
아웃된다. 야구공과 야구장갑의 관계는 야구장갑 속에 들어 있
는 야구공이 되었을 때 그 의미가 비로소 살아나는 관계다. 야
구공이 야구장갑 속에 들어 있지 않을 때 또는 야구장갑이 야구
공을 잡지 못했을 때 야구공과 야구장갑은 아무런 관계가 없이
독립적인 실체로서의 의미만을 지닐 뿐이다.

야구공은 야구장갑이라는 한정된 공간 속에 속박되지 않고 자
율성의 논리에 따라 자신이 가고 싶은 공간으로 힘껏 날아가거
나 굴러가려 할 것이다. 한편 야구장갑(객체)은 야구장갑을 끼고
있는 야구선수(주체)를 통해 자율성의 논리에 따라 자유롭게 날
아가거나 굴러가는 야구공을 잡기 위해 필사적인 노력을 한다.

어쨌든 야구장갑은 야구공이 날아오거나 굴러오는 방향을 정확히 포착하기 위해서는 특정 지점에서 미리 기다릴 줄 아는 선견력과 순간적 포착력이 절대적으로 필요하다. 만약 위치를 잘못 잡고 빗나간 위치에서 야구공이 야구장갑 속으로 들어오기를 기다려 봐야 야구공이 저절로 알아서 야구장갑 속으로 들어오지 않는다.

야구장갑(object)을 끼고 있는 주체(subject)가 야구공이라는 객체(object)와의 관계맺음을 할 때 비로소 야구공과 야구장갑은 종속관계가 성립된다. 즉, 객체와 객체의 만남을 주체가 매개하는 관계다. 객체들 간의 관계는 전적으로 주체의 의지에 따라 한 객체의 생명력이 종식될 수 있다. 즉, 구체적으로 야구장갑을 끼고 있는 주체는 자신의 판단력과 포착력에 따라 야구공이라는 객체의 운동논리를 정지시킴으로써 게임의 승패에 영향을 미친다. 이런 맥락에서 야구장갑은 야구공이 빨려들어 오도록 위치만 잘 포착하면 된다. 그 포착위치와 포착기술은 야구장갑이라는 객체가 하는 것이 아니라 야구장갑을 끼고 있는 주체가 조종하는 것이다.

이에 반해서 권투장갑은 야구장갑과는 사뭇 다른 관계맺음 방식을 갖고 있다. 권투장갑은 권투장갑을 끼고 있는 상대방의 손을 잡아서 자신의 장갑 속으로 끌어들이는 데 목적이 있지 않다. 권투장갑은 상대방의 특정 신체부위만을 제외하고 충격이 큰 신체부위를 가격함으로써 승패를 결정 짓는 역할을 수행한다. 권투장갑 역시 야구장갑과 마찬가지로 정확한 위치파악과 가격 포인트를 포착한다는 점에서 비슷한 운동논리를 가질 수 있지만 야구장갑과는 달리 상대방의 손이 빨려들어 오기를 기다리지 않고 선제공격을 가할 때 그 파급효과나 영향력이 강하게 드러난다. 물론 상대방의 공격을 기다리고 있다가 역공격을 시도하는 기다림의 미학도 어느 정도 통용될 수 있지만 공격이 최선의 방어라는 말 앞에서는 맥을 추기 어렵다.

권투장갑에는 야구장갑과는 달리 권투장갑끼리의 치열한 생존 다툼의 논리가 존재한다. 경쟁자의 권투장갑을 방어할 목적으로 자신의 권투장갑을 사용하기도 하고 상대방을 가격하기 위해 권투장갑을 사용하기도 한다. 따라서 권투장갑끼리의 치열한 치고받는 싸움이 불가피하다.

처절한 결투를 매개하는 권투장갑은 이미 만들어진 야구공을 주워담거나 날아오는 야구공을 기다리는 수동적인 야구장갑과는 달리 권투선수(주체)의 의지와 판단력에 따라 순간적인 가격을 가하기 위해 늘 적극적인 공격자세를 가다듬고 있지 않으면 안 된다. 이미 존재하는 일정한 객체와의 관계맺음이 아니라 늘 역동적으로 변화되는 객체와의 관계맺음 방식이 이루어지며 그 객체는 시시각각 변화된다. 명사로서의 정적인 존재가 아니라 동사로서의 동적인 존재다.

권투장갑과 권투장갑이 만들어 가는 순간적이지만 역동적이고 복잡한 관계맺음 또는 만남 속에서 자신의 온 힘과 에너지를 던져 불살라야 한다. 때로는 뒤엉키고 잘못 엉켜서 신체의 일부가 파열되기도 한다. 그 곳은 시간이 지나면서 승자와 패자가 결정되는 냉엄한 승부의 세계다. 야구장갑이 권투장갑과 다른 점은 야구장갑은 야구공과의 치열한 싸움을 전개하지만 권투장갑은 다른 권투장갑과의 직접적인 접촉이 불가피하다는 점이다.

학습은 야구공과 야구장갑의 관계에서 발생하기보다는 권투장갑을 끼고 있는 두 사람 간의 치열하면서도 박진감 넘치는 게임 속에서 발생한다. 오로지 야구공을 잡으려고 긴박한 몸놀림을 하는 야구장갑을 낀 야구선수와 오로지 상대방에게 치명타를 날려 조기에 게임을 끝내려는 권투장갑을 낀 두 선수 간의 치열한 눈싸움을 보라.

학습은 이미 주어진 무엇인가를 주워담는 수동적인 과정이 아니라 자신이 스스로 삶의 현장에 뛰어들어 때로는 넘어지고 엎어지면서 깨진 무릎을 어루만지고 또다시 어디론가의 여정을 늘 새롭게 시작할 수밖에 없는 격전의 현장에서 발생한다. 학습은 그래서 늘 긴장감의 연속선상에 있다. 물론 학습한 결과를 성찰하는 여유로운 시간적 기회는 있지만 그 여유로운 시간 속에서도 창조적 긴장감은 늘 존재한다.

주객의 구분 없이 뒤엉키고 한순간 질서를 찾다가 또다시 끝없는 혼돈의 나락으로 떨어지는 절망의 여정이 일정기간 지속되는 일련의 순환적 과정이 학습이다. 또한 학습은 그 순환적 과정 속에서 다가오는 절망과 좌절, 희망과 용기 그리고 자신감이 일정한 주기로 반복되는 끝이 없는 여정이다. 그러나 여기서의 학습은 오로지 과정일 뿐이다. 내가 무엇을 배웠다고 자신만만해할 때 그 자신감, 자만심은 또 다른 깨달음에 의해 산산이 부서져 버린다.

내가 보고 느낀 것과, 밀폐된 공간 속에서 깨달은 자각을 실제 현장으로 뛰어나가 실천의 연대 속에서 적용해 볼 때 머릿속의 깨달음은 가슴 속의 뭉클함으로 다가온다. 이때 그것들은 나의 정리된 지식으로 체계화된다. 무엇이 문제이고 한계인지를 비로소 알 수 있게 되는 것이다.

"배움이란 사실과 사물을 추상적으로 포장한 명사들을 주워 담는 것이 아니라 만남 속에서 제시되는 무한한 가능성에 내 몸을 던져 엉켜보는 것이다. 열린 마음으로 또는 만남이 간직한 힘과 신비를 경외하는 자세로…."[1]

---

1) 김영민(1996), 『철학과 상상력-철학의 시작, 혹은 그 시작을 위한 시작』, 서울: 시간과 공간사, p. 100.

회전문과 여닫이문, 그리고 학습

학습은 여닫이문처럼 주변부에서 타인을 중심에 놓고 보는
과정이다

회전문과 여닫이문은 똑같이 외부세계로 열리고 닫히는 문
이지만 문을 통해서 사람을 맞이하는 자세가 판이하게 다름을
알 수 있다. 우선 두 문의 축이 중심에 있느냐 아니면 바깥쪽에
있느냐에 따라 문의 종류는 달라진다. 회전문은 문의 축이 중심
에 있고 중심을 기점으로 보통 네 개의 공간으로 나뉘어져 있
다. 언뜻 보기에는 외부세계를 향해 열려 있는 것 같지만 한순
간도 회전문은 열려 있지 않고 네 짝의 공간이 계속 안과 밖을
차단하도록 구조화되어 있다.

회전문은 중심축을 기준으로 문이 쉴새없이 돌아가는 가운데
타이밍을 잘 맞추어서 사람들이 그 속으로 끼어들어야 한다.
즉, 문의 구조와 운동논리에 따라 들어가고 나오려는 사람들이
호흡을 맞추어 주어야 한다. 한마디로 회전문은 '나는 이런 형
태로 짜여져 있고 이런 방식으로 움직이고 있으니까 당신이 알
아서 여기에 맞게 적응해서 들어오고 나가라' 는 '우기기식 사람
맞음' 의 방식을 갖고 있다. 한마디로 문이 사람의 요구에 맞게

적응하는 방식이 아니라 사람이 문이 요구하는 방식대로 적응해야 한다는 것이다.

이에 반해서 여닫이문은 중심축이 가장자리의 '돌쩌귀' 라는 고정장치에 의해서 고정되어 있는 관계로 군림하지 않고 문을 떠받치고 있다. 여닫이문은 출입하는 사람들의 자유의지와 취향에 의해 열고 닫힌다. 문의 중심이 중앙에서 가장자리로 비껴서 있어서 문이 중심이 아니라 맞이하는 사람이 중심이다. 또한 사람들을 맞이하는 자세와 태도도 그 만큼 유연하며 그 방식 또한 융통적이다. 반쯤만 열어도 들어가고 나갈 수 있으며, 완전히 활짝 열어젖히고 출입할 수도 있다. 즉 문을 통해서 출입하는 사람들에게 문이 맞추어서 포용하는 만남의 자세를 갖고 있는 것이다.

여닫이문이 만나는 사람들을 이렇게 자유롭게 맞이할 수 있는 이면에는 문을 받들고 버티고 서 있을 수 있도록 해 주는 돌쩌귀가 존재하기 때문이다. 문이 사람들의 출입을 통제하고 조정하지 않고 사람들로 하여금 문의 움직임을 통제하고 조정하도록 한다. 사람들이 자신의 취향과 의지대로 문을 통제하고 조정하는 이면에는 돌쩌귀에게 참고 감내하는 고통이 요구된다. 그 고통은 참기 어려운 힘겨운 고통이지만 돌쩌귀는 오로지 남을 위한 사랑으로 버티고 있는 것이다. 존재의 태생적 고통이지만 고통이 남을 위한 사랑으로 승화발전되는 가운데 어느새 고통은 즐거움과 보람으로 바뀌고 있는 것이다.

결과적으로 문의 축이 가운데 있느냐 아니면 가장자리에 있느냐는 문이 외부사람을 맞이하는 자세의 차이를 가져온다. 회전문의 경우 내가 중앙에 있으니까 당신이 알아서 들어오든지 나가든지 하라는 '고압적인 만남과 헤어짐'이 전제한다. 회전문의 축의 구조처럼 맞이하는 자가 모든 것의 중심에 군림하면서 회전문은 자신을 통해서 들어가고 나가고 싶은 사람들의 개별적 특성을 전혀 고려하지 않는다. 반면에 여닫이문은 나는 가장자리로 비껴나서 당신을 맞이하고 있으니까 당신이 알아서 들어오고 나가라는 '포용적인 만남과 헤어짐'의 의미를 내포하고 있다. 중심축이 가운데 놓여 있는 회전문은 내가 중심이고 당신은 주변부라는 인식을 갖고 있다. 반면에 중심축이 바깥에 놓여 있는 여닫이문은 나는 손님을 맞이하는 객(客)이고 문을 이용하는 당신이 주인이라는 인식이 깔려있다. 또한 회전문의 중심은 남이 쉽게 보일 수 있는 부분에 위치하여 자신의 존재를 과시하지만 여닫이문의 중심은 바깥에 비켜서서 보이지 않는 가운데 상대를 주인으로 내세우고 자신은 조용히 자기 자리에 자기 본분을 지켜내고 있다.

누군가를 만나게 되면 회전문의 자세로 대하지 말고 여닫이문의 자세로 대해야 한다. 나는 나 아닌 타인을 맞이함에 있어서 내가 중심에 서고 내가 생각하는 방향, 기준, 성격 등에 맞는지를 먼저 확인하고 그렇지 않으면 냉대하고 무관심한 관계의 맺음을 만들어가고 있지 않은가? 나와 타인의 관계맺음은 우선 상대방을 높이 평가하고 인정해 주고 격려해 주며, 나의 입장이 아니라 상대방의 입장에서 수용하고 인정한다면 대화의 물꼬는 트이기 마련이다.

그래서 이젠 누가 중심이고 주변인지 구분이 되지 않는 역동적인 만남의 관계가 지속되어야 하지 않을까? 내 틀 안에서 상대방을 받아들이고 닫혀 있는 만남 또는 반쯤 열어 놓고 맞이하는 만남은 닫힌 만남이다. 중심에서 내려다 보거나 둘러보지 말고 주변부로 내려와 내 주변의 누가 무슨 생각을 하고 있으며, 나와 어떤 관계 속에서 그들이 일상적 삶을 살아가고 있고 그들의 목소리가 무엇인지를 곰곰이 생각해 볼 수 있는 여닫이문 같은 사람으로 가득한 세상이 되었으면 좋겠다.

대나무 뿌리와 죽순

학습은 죽순처럼 역경과 저항의 과정을 통해 꽃을
피우는 과정이다

"**땅**속의 시절을 끝내고 나무를 시작하는 죽순의 가장 큰 특
징은 마디가 무척 짧다는 점이다. 이 짧은 마디에서 나오는 강
고함이 곧 대나무의 곧고 큰 키를 지탱하는 힘이 된다." [1)

대나무가 그 큰 키로 성장할 수 있는 원동력은 죽순의 마디
속에 간직한 인고의 세월에서 읽을 수 있는 강인함과 견고함에
있다. 나무 밑동이 얼마나 튼튼하냐는 그 나무가 성장하면서 온
갖 고난의 역사를 버텨 낼 수 있는 힘의 원천에 달려 있다. 사람
도 마찬가지로 큰일을 시작하기 위해서는 달성하고자 하는 큰일
에 버금가는 인고의 세월이 필요하고 그 인고의 세월 속에서 내
면으로 다져진 강건함이 필요하다.

"죽순의 마디는 분명히 뿌리에서 배운 것이다. 캄캄한 땅속을

1) 신영복, 〈한겨레신문〉, 1990. 4. 6일자.
 (http://www.shinyoungbok.pe.kr/story/han900419.htm)

뻗어가던 어렵던 시절의 몸짓이다. 역경의 산물이며 동시에 저
항의 흔적이다. 그것은 차라리 패배의 상처 그 자체인지도 모른
다." 환희의 순간에서 맛보는 잠시 동안의 희열의 이면에는 희
열의 즐거움보다 쓰디 쓴 고통의 눈물이 소매 깃을 적셨던 지난
세월의 흔적이 있었음을 우리는 종종 망각하곤 한다. 겉으로 유
려하고 매끈하게 뻗은 대나무의 멋은 캄캄한 땅속 깊은 곳에서
밝은 세상으로 진출하기 위해 답답하고 견디기 어려운 인고의
세월이 가져다 준 흔적의 결과라는 사실을 과연 우리는 얼마나
뼛속 깊이 느끼고 깨닫고 있는가? 알고 있다고는 하지만 탄생과
정의 역사적 맥락을 함께 읽어 내지 않고 맥락을 증발시키고 껍
데기만 피상적으로 그냥 머리로 아는 것은 진정한 의미에서 알
고 있지 못한 것이다. 무엇인가를 안다는 것은 앎의 대상, 실체
또는 주체의 존재구속적 상황의 역사까지 읽어 내면서 상대의
입장에서 생각해 보고 상대가 겪었던 고통의 역사까지도 공유하
는 것이다. 그런데 요즈음의 앎은 너무 가벼워지고 있으며, 빠
름의 위압 속에서 피상만을 건성으로 읽어 내는 좋지 못한 버릇
을 지닌 채 비판적 의식을 무디게 하고 있다.

　"모든 나무는 자기 키만큼의 긴 뿌리를 땅속에 묻어 두고 있
는 법이다. 대숲은 그 숲의 모든 대나무의 키를 합친 것만큼의
광범한 뿌리를 땅속에 간직하고 있는 것이다. 그리고 더욱 중요
한 것은 대나무가 그 뿌리를 서로 공유하고 있다는 사실이다.
대나무가 반드시 숲을 이루고야 마는 비결이 바로 이 뿌리의 공
유에 있는 것이다." 겉으로 드러난 결과보다는 그 결과를 결과
로 만들고 있는 보이지 않는 이면의 구조와 힘의 정체를 파악하
는 인식능력이 더욱 중요하다. 그 누가 대나무를 보면서 키만큼

의 뿌리를 땅속에 묻어 두고 있다고 생각하는가? 대나무들은 뿌리와 뿌리들 간의 굳건한 신뢰 속에서 자신들의 뿌리를 공유하고 있으며, 공유하는 과정 속에서 입장의 차이에도 불구하고 서로 부둥켜안고 거대한 대나무 숲을 이루고 있는 것이다. 대나무 뿌리가 연대하는 관계망 속에서 우리는 공유의 실체는 뿌리여야 함을 배울 수 있다. 겉으로 드러난 피상 또는 표피를 공유하는 과정은 진정한 의미의 나눔의 미학을 실천하지 않는 과정이다. 진정한 의미의 나눔은 대나무의 뿌리와 같이 근본, 근원, 본질을 공유해야 한다. 근본 또는 근원과 본질을 공유하는 과정이야말로 진정한 의미의 나눔의 미학을 실천한다고 말할 수 있으며, 그런 나눔이어야 입장의 차이에도 불구하고 이를 극복하여 강건한 연대를 이루어나갈 수 있다.

"나는 어느 뿌리 위에 나 자신을 심고 있는가? 그리고 얼마만큼의 마디로 밑동을 가꾸어 놓고 있는가? 혹시 나는 뿌리도 없이 겉만 반질한 포장과 치장에 여념이 없지 않은가? 그리고 밑동을 가꾸지 않고도 사상누각과 같은 집을 지으려고 발버둥치고 있지는 않은가? 마디의 짧음이 간직하고 있는 인고의 세월이 곧게 뻗은 대나무의 아름다운 값어치를 산정하는 밑거름이 되듯이 나는 오늘 어떤 값어치 있는 의미를 창출하기 위해 어떤 밑동을 만들어 내고 있는가?"

밑동의 견고함이 나의 미래와 나에게 가져다 줄 수 있는 의미와 가치를 결정한다는 점을 새삼 되새겨 보는 가을 저녁이다. 서늘함이 싸늘함으로 바뀌는 가을과 겨울의 길목이지만 바깥 날씨가 춥게만 느껴지지 않고 훈훈하게 다가오는 이유는 무엇일까 생각해 본다.

별것 아닌 것에 대한 관심

학습은 별것 아닌 것을 별것으로 만드는 과정이다

세상에는 '별에 별것'이 다 있다. '별 볼일'이 많은 사람이 있는가 하면 '별 볼일'이 없는 사람도 많다. '별 볼일'이 있느냐와 없느냐의 차이는 '별것'을 갖고 있는지의 여부와 직결되어 있다. 남과 다른, 그러면서도 남이 갖고 있지 않은 '별것'을 갖고 있어서 남들의 주목을 끄는 사람은 '별 볼일'이 있는 사람으로 생각되어서 '별것'을 갖고 있지 않은 사람들로부터 주목을 받기 시작한다. 그런데 가만히 생각해 보면 '별 볼일'이 많은 사람이 지니고 있는 '별것'은 '별것이 아닌 것'을 남과 다르게 바라보고, 거기서 무엇인가 가치 있는 창작물을 만들어 가는 과정에서 많은 고민을 하는 사람들이다. 다른 각도에서 바라보면 '별 볼일'이 있다는 것은 그만큼 '별 볼일'이 없는 것에서 '별 볼일'이 있는 무엇인가를 만들어 낸 결과물인 것이다. 그런데 '별것'을 갖고 있는 '별 볼일이 있는 사람'이 '별 볼일이 없는 사람'을 '별 볼일'이 없다는 이유만으로 '별 볼일 없는 사람'으로 전락시켜서는 안 된다. 때로는 '별 볼일이 있는 사람'도 '별 볼일 없는 사람'으로 순식간에 전락되는 경우가 많음을 주목할 필요가 있다. 겉으로 보기에는 '별 볼일이 많은 것'처럼 느껴지지만 내면을 들여다보면 온갖 허위의식과 가장으로 얼룩져서 '별 볼일'이 있다가 갑자기 '별 볼일 없는 사람'으로 급선회되는 사람이 얼마나 많은가? '별 볼일'이 있다는 점을 확인하기 위해서는 외면과 형식만을 볼 것이 아니라 내면과 생각을 볼 필요가 있다. 내면에 어떤 생각을 갖고 있느냐에 따라서 멋진 아름다움이 표출되는 것이다.

'별 볼일'이 있는 사람은 '별것 아닌 것'을 발견하는 남다른 안목을 갖고 있다. '별것 아닌 것'은 일상에 숨어 있거나 너무 흔한 가운데에서 다른 '별것 아닌 것'과 뒤섞여 있어서 쉽게 발견되지 않는다. '별것 아닌 것'은 일상 속에 숨어 있다기보다는 일상과 함께 존재한다. 다만 '별것 아닌 것'이 사람의 눈에는 띄지 않는다. 눈에 띄지 않는 이유는 여러 가지가 있겠지만 무엇보다도 이제까지 늘 당연하게 생각해 왔고 너무 흔하고 쉽게 접해 왔기에 '별 볼일이 있는 것'으로 다가오지 않았기 때문이다.

'별 볼이 없는 것'처럼 보이는 일상의 많은 사물과 사태 그리고 현상 속에 오히려 '별것'이 내재되어 있거나 다른 것과의 사이에 더부살이로 어우러져 있는 경우가 많다. 따지고 보면 '별것'은 본래 '별것'이 아니라 '별것 아닌 것'이 '별것'으로 바뀌는 경우가 많다. 결국 '별것이 아닌 것'도 보는 사람들의 눈에 따라서 '별것'으로 다가오는 경우도 있으며, '별것 아닌 것'과 또 다른 '별것 아닌 것'을 특정 목적을 달성하기 위해 어떤 방식으로 조합해 내느냐에 따라 '별것 아닌 것'은 '별것'으로 완전히 새롭게 변신해서 다가오는 경우가 많다. 이미 식상해서 사람들의 눈에서 멀어져서 '별것 아닌 것'으로 일상 속에 파묻혀 있었던 존재가 어느 순간 새로운 모습으로 일상적 삶을 살아가는 사람들에게 새롭게 다가오기 시작한다. 이것도 전적으로 '별것 아닌 것'을 '별것'으로 발굴해서 바라볼 수 있는 남다른 눈을 갖고 있어야 가능한 일이다.

변화와 혁신은 일상에서 시작된다. 평범한 사람들이 발을 딛고 살아가는 작은 일상, 보잘것없다고 생각하는 일상이지만 그속에 사람들의 숨결과 호흡이 있고 그들이 부여한 의미 구성체들이 섞여 있다. 일상으로 돌아가 '별 볼일'이 없다고 치부해서 방치해 놓은 것을 다시금 뒤적거릴 필요가 있다. 거기서 바로 변화와 혁신의 실마리를 찾을 수 있다. 거기서 문제의식을 정련할 필요가 있으며, 거기서 싹튼 문제의식이 일상적 삶에 작은 변화를 일으킬 수 있는 현실적 대안을 개발할 수 있다. 이런 와중에 '별것 아닌 것'이 '별것'으로 다가오는 경우가 많다. '별것'은 '별것 아닌 것'에 대한 진지한 탐구와 지적 고뇌의 결과로 새롭게 부각된 또 다른 얼굴일 뿐이다.

진정한 학자는 불꺼진 잿더미를 헤쳐야 하는 운명의 길을 가는 사람이라는 말도 있다. 사람들에게 영감을 불어넣고자 하는 의욕을 촉구하기 위해서 불을 지피는 일도 해야 되지만 타고 남은 불의 흔적을 탐색·추적·조사해 보는 일도 필요하다. 타고 남은 잿더미 속에 타는 과정에서 격렬했던 순간과 기록이 남아있다. 타는 과정에서는 미처 깨닫지 못했던 격렬했던 그 순간이 잿더미 속에 고스란히 남아 있는 경우가 많다. 앞만 보고 달려가지 말고 때로는 유행의 뒤안길을 찾아 나서는 지혜도 필요하다. 항상 '별것'만 찾아 나서고 우리 일상에서 싹트고 성장해서 너무 자주 보고 곁에 두고 있어 '별것 아닌 것처럼 보이는 많은 '별것' 들 속에 우리가 고민하는 문제에 대한 답이 들어 있다. '더 높이', '더 멀리', '더 빨리' 가 아니라, '더 낮게', '더 가까이', '더 천천히' 지금 여기서 답을 찾는 노력을 해야 될 필요가 있다. 높은 곳을 향하기 이전에 '낮은 데로 임하소서' 의 자세가 필요하고 그래야 '저 높은 곳을 향하여' 날아갈 수 있는 것이다.

'별것 아닌 것' 에 대한 특별한 관심은 '별것' 으로 만드는 중요한 출발점이 된다. 별것 아닌 일상의 하찮은 것에 일상적 삶을 살아가는 사람들에게 의미심장한 통찰력을 제공해 줄 수 있는 아이디어가 들어 있다. '별것 아닌 것' 에 대한 관심이 곧 '별것' 을 만들어 내는 원동력이 된다는 사실을 안다면 그 동안 너무 가까이 있으면서도 별 다른 관심의 초점을 받지 못했던 일상의 '별것 아닌 것' 에 남다른 관심으로 눈을 돌려보자. 모든 것이 너무나 새롭게 다가오지 않을까?

곤충을 삼등분하면? 죽/는/다

학습은 곤충을 실제 삼등분하면 '죽는다'라는 사실을
체험하는 과정이다

초등학교 시험문제에 '곤충을 삼등분하면? ( ), ( ), ( )'(이)라
는 시험문제가 등장했는데, 대부분의 학생이 세 개의 괄호 안에
(머리), (가슴), (배)라고 대답했지만 그중의 한 학생은 (죽), (는),
(다)라는 다소 엽기적인 대답을 했다고 한다. 이렇게 대답한 학
생도 나름대로 이유가 있을 것 같아서 선생님은 그 학생을 불러
놓고 이유를 물어보자 대답 또한 걸작이었다. "실제로 곤충을
삼등분하면 죽지 않습니까? 머리, 가슴, 배라고 쓴 것은 이론적
으로 그렇지만 실제로 곤충을 삼등분하면 죽지 않고 버티는 곤
충이 어디 있습니까?"라고 목청을 높여서 아주 설득력 있게 설
명을 했다고 하는 꾸며 낸 이야기가 있다. 그 학생은 어떤 논리
로 선생님이 가르쳐 준 대로, 책에 나와 있는 대로 대답하지 않
고 엉뚱한 대답을 한 것일까?

현실과 괴리된 교실에서 곤충을 삼등분하면 머리, 가슴, 배라
는 대답이 나올 수 있지만 곤충들이 실제로 살아가는 늪이나 산
또는 들판에서 곤충을 잡아서 삼등분하면 다 죽는다는 논리라고

볼 수 있다. 우리는 살아가면서 많은 것을 보고 느끼고 배우지만 제도교육을 통해서 배우는 것보다는 학교라는 울타리를 떠나서 우연히 자연스럽게 배우는 것이 양적으로 훨씬 많다고 볼 때도 있다. 이상적인 학습은 학습결과를 적용하거나 활용할 특정한 맥락이나 현장에서 몸소 체험하면서 일어나는 학습이라고 볼 수 있다. 누군가가 가르쳐 주지 않았음에도 불구하고 일상적인 삶을 살면서 우연한 기회에 무의식적으로 어떤 일을 하다가 불현듯 깨닫게 되는 경우나 의도적으로 특정과제를 추진하는 과정에서 자연스럽게 터득하는 기회로서의 학습이 삶과 직결될 수 있는 학습이라고 볼 수 있다.

그런데 대부분의 제도교육을 통해서 교육받는 과정은 현실과 차단 또는 괴리된 창백한 교실공간에서 추상화된 관념이나 특정개념을, 그 개념이 탄생된 또는 탄생되는 맥락과 거리가 먼 상태에서 구성되는 경우가 많다. 이런 과정으로 탄생한 개념이나 이론은 그것의 존재이유조차 확인할 필요성을 못 느끼는 경우가 많으며 현실 설명력과 이해력이 현격하게 떨어져 주어진 현실이해에 도움이 되기는커녕 오히려 역기능적으로 작용해서 주어진 현실을 왜곡하거나 각색, 탈색, 희석시킬 가능성이 농후하다. 문제의 근원은 역동적이고 복잡하며 분명하지 않은 일상적 삶의 현실을 반영하지 못하는 메마른 논리와 추상적인 관념의 덩어리가 부표하는 수업이 계속되는 가운데 대부분의 교육제도는 일상의 작은 문제해결에 하등의 도움이 되지 않는다는 데에 있지 않을까?

창백한 교실에 앉아서 수없이 암기할 수밖에 없는 무수한 사실, 개념, 원리, 법칙, 이론 등에 짓눌려 찌들어 가는 해맑은 학생들의 창백함으로 인해 이제 웃음과 즐거움을 잊은 지 오래다. 땀의 소중함을 체험하면서 땀의 진정한 의미와 가치를 느껴보지 못하고 '벼'를 보고 '쌀나무'라고 지칭하는 데에는 아연실색하지 않을 수 없다. 머릿속에 산만하게 흩어져 있는 모래알 지식을 토대로 복잡하게 얽히고설켜 현장의 역동성을 어떻게 이해할 수 있을까? 내가 먹는 밥이 도대체 어떤 과정을 통해서 누구에 의해 어느 정도의 힘든 노동을 통해서 생산되고 유통되는지를 체험하지 않고 단순화시킨 프로세스를 통해서 그 과정만을 머리로 익히는 학습활동은 진정한 의미의 학습활동이라고 볼 수 없다. 손발이 동반되지 않은 머리만의 사유과정은 관념의 유희로 전락할 가능성이 많다.

곤충을 삼등분하면 '머리, 가슴, 배'라고 가르칠 필요도 있지만 삼등분하는 과정에서 곤충이 당하는 아픔의 순간을 느껴보는 것은 더 중요하다. 내가 살아가는 일상 속에서 직면하는 수많은 생물체와 무생물체가 나와 어떤 관계가 있으며, 나의 특정한 생각과 행동이 그들에게 어떤 고통을 가져다 주는지를 심층적으로 생각해 보고 토론해 보는 일이 필요하다. 그리고 그 토론결과를 실제에 적용하면서 머릿속으로 돌고 돌았던 상념의 나래와 생각의 파편들이 실제 현장에서 어떻게 유기적으로 통합되고 있는지, 어떤 관계에 의해서 그들의 삶이 전개되고 있는지를 곰곰이 생각할 수 있는 여유와 기회가 주어질 필요가 있다. 그렇지 않으면 우리 삶은 메마른 논리가 뜨거운 감성을 지배하고 삶과 유리된 상태에서 쓸데없는 이상적 담론들이 판을 칠 수 있다.

쑤군쑤군, 주절주절, 그리고 시끌벅적
학습은 다양한 문화적 유형을 통해서 촉진되는 과정이다

학습이 발생하기 위해서는 개인의 학습능력도 중요하지만 그 개인이 몸담고 있는 사회·문화적 메커니즘이 정비될 필요가 있다. 학습자가 어떤 메커니즘 속에 몸담고 있느냐에 따라 학습 발생의 가능성이 천차만별이기 때문이다.

"쏘곤쏘곤 – 쑤군쑤군"대는 쑥덕공론 문화

'쏘곤쏘곤대는 문화'는 뭔가 비밀이 많은 관계로 아주 친한 동료들끼리 귓속말로 할 정도로 작게 무엇인가에 대해서 주고받는 모습을 통칭한다. 아직 공개적으로 얘기할 정도로 공론화시키기에는 너무 이르다고 판단되는 화젯거리다. 쏘곤쏘곤대는 얘기는 긍정적인 얘기도 포함되지만 그렇지 못하고 남의 단점, 특정 조직이 안고 있는 문제 등도 자주 화제의 대상에 오른다. 쏘곤쏘곤 얘기하는 대상계층이 점차 넓어지면 쏘곤쏘곤은 쑤군쑤군으로 바뀐다. 쏘곤쏘곤보다 쑤군쑤군은 얘기하는 모습이 좀더 공개적이다. 하지만 여전히 공개대상은 한정되어 있다. 끼리끼리만 얘기하고 다른 끼리끼리는 쑤군쑤군 얘기하는 대상에서 제외된다.

따라서 쑤군쑤군 얘기하는 과정에 참여하는 사람들은 그들이 몸담고 있는 조직에 뭔가 난기류가 흐르거나 문제가 있다고 판단해도 공론화시키지 않는다. 그냥 뒤에서 호박씨나 까는 문화다. 이럴 경우 해당 조직 내에 잔존하고 있는 문제는 해결되지 않고 그대로 남아 있다. 무거운 긴장감이 잔잔하게 조직 분위기 속에 흡인되어 흐른다. 이런 상황에서는 하나의 메시지가 통일된 의미로 공유되지 못하고 쑤군쑤군대는 사람들끼리 각양각색의 잔머리만 각자 돌리게 된다. 따라서 학습이 발생하지 않는다. 학습은 숨어 있는 가정, 잔존하는 문제, 뭔가 불편한 심기를 겉으로 드러내 놓고 함께 얘기할 경우 발생하기 때문이다. 서로가 눈치를 보고 리스크라고 생각되는 경우에는 절대로 입을 열지 않고 그냥 쑤근수근댄다. 잦은 쑥덕공론이 이루어지고 사안에 대해서 누구도 문제를 제기하지 않고 참고 기다린다.

"조잘조잘-주절주절" 대는 문화

쑤군쑤군대는 얘기는 주로 몇몇 사람들이 모여서 얘기하는 모습을 연상시키는 반면 조잘조잘, 주절주절대는 얘기는 여전히 집단적 대화모습을 연상시킨다. 그러나 쑤군쑤군대는 얘기는 제 집단이나 조직 속의 구성원인 개인의 목소리가 점점 커지는 느낌이다. 특정 사안에 대해서 부정적인 측면을 겉으로 드러내 놓고 얘기하는 모습도 보이지만 조잘조잘, 주절주절대는 문화는 주로 단어의 뉘앙스가 보여 주는 바와 같이 주로 긍정적인 사건과 사태의 모습을 주고받는 모습으로 이미지화된다. 나름대로의 의미공유가 어느 정도 이루어지고 서서히 공론화되지만 여전히 공론화되어서는 안 되는 그리고 할 수 없는 얘기가 많이 있다.

　논의의 주제와 내용이 일정한 논리체계에 따라 일관성을 갖고 논의되기보다는 생각나는 대로 표출되는 경우가 많으며, 따라서 설득력을 갖지 못하는 경우가 많다. 하고 싶은 얘기가 어느 정도 자유스럽게 표출되지만 내면적 욕구·욕망을 스스로 억압하는 자율적 통제 메커니즘이 작용하여 조잘조잘, 주절주절대지만 여기에는 하지 못하는 얘기가 많이 침잠(沈潛)되어 있다. 진의(眞意)를 얘기하기보다는 생각나는 대로 겉도는 얘기가 많은 관계로 자신의 근거 또는 가정하고 있는 주장의 이면이 겉으로 표출되지 않는 관계로 심각한 성찰의 과정은 동반되지 않는다. 결국 조잘조잘-주절주절대는 문화는 '주접떠네'라는 극단적 핀잔으로 끝나거나 스트레스 해소는 될지 몰라도 학습과는 거리가 먼 문화다.

"시끌벅적-왁자지껄"하는 문화

　조잘조잘, 주절주절대는 문화가 이제 시끌벅적, 왁자지껄로 바뀌면서 그 동안 내면적으로 끌어안고 고민하면서 겉도는 얘기만 하다가 본격적으로 그리고 공개적으로 진의가 노정(露呈)되기 시작한다. 보다 공격적으로 자기 주장의 정당성과 시의 적절성 등에 대하여 타인을 대상으로 적극적으로 개진하기 시작한다. 내면적 의미체계가 시끌벅적, 왁자지껄 떠들어 대는 과정에서 어느 정도 구성원 간에 공유되기 시작하며 결국에는 공론화되기에 이르게 된다.

　그러나 아직도 논의의 주제와 내용, 궁극적으로 가고자 하는 방향성 측면에서 통일된 방향, 일관성의 결여가 느껴진다. 자기 주장의 옳음에 대하여 목소리를 일방적으로 크게 함으로써 옆 사람의 주장에 귀를 기울이지 않는 속성이 있으며 그러다 보니 자가당착될 우려도 없지 않다. 시끌벅적, 왁자지껄대는 문화는 적어도 속으로 호박씨 까는 문화는 아니므로 속으로 "너 두고 보자"는 식의 꿍생원들은 적다고 볼 수 있다. 개인적인 스트레스 해소를 넘어서서 자기가 가정하고 있는 논의의 타당성 등이 어느 정도 검증되는 절차를 거치지만 여전히 옹고집 성격이 강한 주장을 펼침으로써 남과 함께하는 와중에 자유로운 의견교환을 통해서 발생하는 학습의 영역에 있어서는 아직도 미미한 수준에 그친다. 시끌벅적, 왁자지껄대는 문화는 극단적으로 "내 주장이 이런 거니까 어디 니가 주장하는 게 뭔지 한 번 말해 봐. 그래도 나는 이런 주장을 계속 펼칠테니까" 하는 식의 주장의 일방성이 강조되는 문화다.

지금 여러분은 쏘곤쏘곤-쑤군쑤군대고 있는가? 또는 조잘조잘-주절주절대고 있는가? 아니면 시끌벅적-왁자지껄대고 있는가?

자갈에서 배우는 지혜

학습은 서로 부대끼면서 아픔을 줄이고 기쁨을
배가시키는 과정이다

"**달**리 할 일도 없이 하루종일 자갈이 길게 깔린 바닷가에 혼
자 앉아서 시간을 보내기도 했습니다. 아주 예쁘고 둥근 자갈들
이 해변을 가득히 메우고 있었습니다. 누가 일부러 깎은 것이
아닌데도 둥글고 윤이 나는 아름다운 자갈해변이었습니다. 그런
데 가만히 지켜 보니 아름다운 돌로 다듬어지는 과정이 그랬습
니다. 파도가 밀려오면서 그 해변에 있던 자갈들을 들었다 놓는
거예요. 그러면 자갈들은 자기들끼리 이리저리 부딪치면서 다시
가라앉아요. 또다시 파도가 밀려오면 다시 잠시 파도에 들려 올
려졌다가 자기들끼리 몸을 부대끼면서 가라앉습니다. '서로 부
대끼면서 저렇게 아름다운 자갈들이 되는 거구나!' 하는 생각을
했습니다. 그때 저는 가장 좋은 배움은 바로 자기들끼리 부대끼
며 배우는 것이라고 생각했습니다. 선생님은 다만 파도처럼 잠
시 들었다 놓아주면 되는 것이 아니겠느냐, 그렇게 생각합니
다."[1]

우선 자갈은 한군데에서 태어난 것이 아니라 출생지가 다양하다. 여러 군데서 모여들어 커다란 자갈밭이 된 것이다. 큰 돌에 잘려서 자갈이 된 놈도 있고, 작은 돌멩이가 물살의 힘을 빌어서 이 곳까지 도착한 놈도 있다.

애초부터 한군데에서 태어난 한 가족이 아니다. 족보가 다른 자갈이 한군데 모여서 새로운 족보를 형성하고 함께 어우러지고 있는 것이다. 출생지, 자라 온 배경, 그 과정에서 겪은 삶의 애환이 각각 고유하며, 독특하다. 따라서 고유한 출생 및 성장배경을 갖고 있는 자갈은 함께 부대끼면서 아픔을 나누어서 반감(半減)시키고 기쁨을 나눠서 배가(倍加)시키는 그런 무수한 역사를 갖고 있다.

자갈은 원래 각기 다른 모양을 갖고 상대방을 아프게 할 정도로 모가 나 있었다. 부딪히면 금방이라도 상대에게 상처를 줄 정도로 날카로웠지만 세월이 지나면서 본래의 각과 선이 사라지고 둥글게 바뀐 것이다. 물론 바뀌는 과정에서 아픈 상처는 이루 말할 수 없었을 것이다. 자갈의 모양이 둥글게 또는 모나지 않게 바뀌었지만 자갈마다 자신이 이제까지 살아온 독특한 역사를 갖고 있다. 모가 난 자갈이 서로 부대끼면서 각기 서로 비슷한 모양을 하고 있는 것은 외면적으로 볼 때 자신의 개성이 없어지고 모두 비슷비슷한 개성을 소유한 것처럼 보이지만 가만히 들여다 보면 각기 천차만별의 독특한 모양을 하고 있다. 천차만별의 지나 온 역사는 겉으로 드러나 있지 않다. 겉으로 드러난

---

1) 신영복 교수님 홈페이지.
http://www.shinyoungbok.pe.kr/story/981012.htm

역사는 전체 역사의 극히 일부분에 지나지 않는다. 진정한 역사는 그 자갈이 여기까지 와서 다른 자갈과 부대끼면서 오늘의 자갈이 되기까지 어떤 삶의 애환을 담고 있으며, 그때마다 어떤 느낌과 생각을 했고 그래서 그런 느낌과 생각의 결과가 축적되어서 어떤 행동을 취해 왔는지를 소상히 보여 주는 것이어야 한다. 그런 역사는 때로는 내면의 아픔으로 때로는 외면의 기쁨으로 잠깐잠깐 겉으로 보이기도 하지만, 치열했던 과거의 삶은 여전히 내적으로 고이 간직되어 있어서 쉽게 파악하기 어려울 따름이다. 단지 역사적 사건을 통해서 미루어 짐작되는 그 당시의 상황에 대한 제3자적 입장에서의 기술과 설명만이 있을 뿐이다. 자갈은 바로 그러한 역사를 자갈 내면으로 견고하게 간직하면서 자라 온 것이다.

우리는 이러한 자갈로부터 무엇을 배울 수 있을 것인가? 우선 학습은 혼자 외롭고 처절하게 고민하는 과정도 있지만 더욱 중요한 학습의 일면은 인식과 관심이 다른 사람들이 모여서 함께 지향하는 바를 나누면서 만들고 이루어 나가는 과정이다. 떡잎도 나오자마자 둘로 나뉘면서 성장을 지속하듯이 내가 갖고 있는 것을 남과 나누지 않으면 성장, 성숙할 수 없다. 자갈의 특정 부위를 자갈 스스로는 절대로 자신이 원하는 모습으로 바꿀 수 없다. 자신과 부대끼고 있는 다른 자갈의 힘을 빌어서 만들어 나가야 한다.

이 세상은 혼자 모든 것을 다 할 수 없다. 내가 못하는 것을 다른 사람이 잘할 수 있고 내가 잘하는 것을 다른 사람이 못할 수 있다. 내가 잘하는 것으로 상대방을 제압하고 나 혼자 승리의 맛을 보기보다는 내가 잘하는 것으로 상대방이 못하는 점을 도와 주고 가꾸어 주어서 함께 승리하는 삶 그것이 진정한 의미의 학습이 아닐까?

자갈로부터 배울 수 있는 또 다른 교훈은 초기에 아픔을 감내하는 자세이다. 모가 나고 각이 져서 서로에게 너무나 큰 아픔을 주는 사이였지만 묵묵히 참고 감내(堪耐)하면서 성장하고 성숙하게 되는 것이다. 그렇게 서로가 서로에게 의지하면서 어려운 일을 함께 풀어 나가고 기쁜 일을 함께 나누면서 공유하고, 공감하는 허물없는 사이가 된 것이다. 함께 부딪혀도 아프기보다는 서로에게 위안이 되고 엄청난 힘이 되고 용기를 주고받는 사이가 된 것이다.

참고 기다리면서 다른 사람의 약점을 덮어 주는 데 내가 할 수 있는 역할이 무엇인지를 고민하는 가운데 진정한 사람 사이의 관계가 정립되는 것이다. 그렇게 한 번 맺은 관계는 웬만한 다른 외압에도 굴하지 않고 같이 손잡고 나아갈 수 있는 것이다.

신영복 교수의 글에 보면 자갈이 서로 부대낄 수 있도록 도와 준 것은 파도였다. 바로 파도가 자갈을 들었다 놓았다 하는 데 결정적인 힘을 제공해 주었지만 결국 자갈들끼리 서로 부대끼면서 자신의 모습을 만들어 나가듯이 학교에서 선생님의 역할은 다양한 성격과 관심과 기대를 갖고 있는 학생들이 서로 부대낄 수 있도록 잠시 들었다 놓았다 하는 것이 아닐까? 선생님이 이미 답을 사전에 가공해서 학생들에게 일방적으로 전달해서 학생들을 끌고 가는 것이 학습이 아니라 학습이 발생할 수 있는 결정적인 동인을 제공해 주고 학습이 잘 발생할 수 있도록 환경과 여건을 조성해 주면 그 속에서 실제로 학습은 학생들이 하는 것이다.

자갈들이 서로 부대끼면서 자라듯이 학습도 학생들이 직접 문제를 해결하고, 해결하는 과정에서 다른 학생들과 자유롭게 토론하고 대화하면서 발생하는 그런 활동이다. 학습과정에서 자신이 미처 생각하지 못한 것을 깨닫게 되는 경우도 있고 자신의 생각을 좀더 논리적으로 정리하게 되는 경우도 발생한다.

치약튜브와 양초, 그리고 삶

학습은 자신을 양초처럼 불태워서 주변을 밝게 하는
과정이다

돌이켜 보면 개인적으로 지난 한 해는 몇 가지 커다란 외적
인 변화도 있었고, 내적으로도 학문적 삶에 작은 변화들이 변화
의 양상과 본질을 달리하면서 지속적으로 변화의 물줄기들이 끊
이지 않았던 것 같다. 변화는 생존하기 위해 모든 생물체가 추
구하는 자연스러운 과정이라고 했지만 생존차원을 넘어서서 의
미있고 가치있는 모습으로 재탄생하고 성장하기 위해 자연스러
운 과정을 넘어서서 의도적인 변화가 일어나는 경우가 많은데,
아마도 올 한 해는 그런 변화가 내 주변을 감싸고 돌았던 한 해
였던 것 같다. 때로는 그 많은 변화의 소용돌이 속에서 가끔씩
나의 존재이유와 지향하는 방향성을 상실한 경우도 종종 있었지
만 지금 와서 생각해 보면 작은 변화도 모두 한 인간으로서
'나'와 관계되는 의미와 가치를 던져 주었던 그런 변화였다고
스스로 위로해 보기도 한다.

나는 한 해 동안 무엇을 위해서 어떤 일을 하면서 살아왔을
까? 올 한 해 동안 내가 했던 일들이 도대체 내가 사는 삶 속에

서 어떤 의미와 가치로 자리매김을 하고 있을까? 이런 질문을
스스로에게 던져 보면서 치약튜브와 양초 같은 삶에 비유하여
내가 한 해 동안, 아니 앞으로 살아가야 되는 삶의 모습을 그려
보았다. 치약튜브를 살펴보면, 튜브 속의 치약은 자기 의지와
관계없이 타자에 의해서 밖으로 밀려나올 수밖에 없는 운명이
다. 남의 필요에 의해서 치약튜브 속의 치약은 밖으로 짜져서
활용된다. 치약이 치약튜브 속에서 거의 다 없어지면 온갖 힘을
주고 수단과 방법을 동원해서 마지막 남은 치약까지도 쥐어짜는
상황이 발생되기도 한다. 요즈음에는 치약튜브를 돌돌 말아서
짤 수 있게 작은 플라스틱 보조용구까지 등장해서 치약튜브는
더욱 수난을 당한다.

치약을 아껴 쓰자는 논리에 비추어 볼 때 치약튜브를 쥐어짜
고 치약튜브 뒷부분부터 돌돌 말아서 짜내는 노력은 어디끼지니
당연히 그렇게 해야 되는 일이다. 하지만 치약튜브 입장에서 보
면 "왜 나는 맨날 남들을 위해서 내 몸을 돌돌 말리면서까지 쥐
어짜임을 당해야 하는가?"라는 불만을 터뜨릴 수 있다. 이와 같
이 우리도 내 몸에 온갖 상처투성이가 되도록 남을 위해서 희생
하고 봉사했지만 그렇게 내 몸안의 치약을 다 써 버린 다음에는
쓰레기통으로 던져져 버리는 그런 인생은 아닐까를 곰곰이 생각
해 볼 필요가 있다.

나는 올 한 해 동안 내가 하기 싫지만 어쩔 수 없이 해야 되는
일이 있었는가 하면 내가 좋아서 목표를 설정해 놓고 그 목표를
달성하기 위해서 정말로 엄청나게 빠른 속도와 강도로 달려 온
경우도 적지 않았음을 느낀다. 그래서 때로는 육체적 피로도 잊
은 채 설정했던 목표를 달성하는 과정에서 스스로 기뻐하기도

했다. 그런데 문제는 내가 좋아하는 일에 전력투구할 수 없는 현실에 때로는 무엇인가를 새롭게 추진하고자 하는 의욕과 동기를 상실하는 경우도 있었지만 그런 일들도 다 내가 좋아하는 일들과 직·간접적으로 연결된다고 생각하면 그리 짜증낼 일도 아니라는 사실이다. 앞으로도 내가 좋아하는 일만 할 수는 없을 것이고, 하기 싫은 일이지만 주어진 여건에서는 어쩔 수 없는 특정한 일을 하도록 강요당하는 일들이 더욱 많아질 수도 있을 것이다. 그런 일들을 강요받아서 억지로 한다고 생각하면 엄청난 스트레스로 다가 올 것이다. 그래서 내가 좋아서 하는 일이든 어쩔 수 없이 하는 일이든 모두가 내가 관심을 두고 있는 영역권으로 끌어들여 녹여 내는 작업을 하면 좋을 것이다.

이 세상의 모든 일들이 다 따로 떨어져 존재하는 독립적 개체는 없다는 불교의 연기설이 여기에 그대로 적용될 수 있다. 하찮은 일도 나중에 다 소중한 경험으로 다가 올 수 있도록 관계 맺음 작업을 하는 것이다.

치약튜브처럼 모든 것을 짜내고 다 활용된 다음 어느 날 갑자기 쓰레기통으로 버려지는 그런 운명적인 삶을 살고 싶은 사람은 아무도 없을 것이다. 오히려 양초같이 자신의 몸을 태우면서 어둠을 밝히고 그래서 모든 사람들에게 소중한 존재로 기억되고 싶을 것이다. 자기 몸을 태워서 세상을 밝게 하고 그리고 아무런 흔적도 없이 사라지는 양초 같은 삶은 존재하는 동안 자기 자신에게는 물론 남을 위해서도 최선을 다하는 멋진 삶이다. 나또한 빈 껍데기로서의 치약튜브 같은 존재가 아니라 세상의 빛이 되고 소금이 되어서 값진 양초 같은 존재로 살고 싶다. 또한 자신을 연소시키면서 은은한 내면의 삶의 향기를 풍겨서 많은 사람들에게 꼭 존재해야 하는 충분한 가치가 있는 사람으로 살고 싶다. 겉으로 치장된 화려함과 인위적으로 만들어 내는 가공의 향기가 아니라 내면의 깊은 마음속에서 우러나오는 너무도 자연스러운 그런 향기를 풍기기 위해서 올 한 해도 더욱 내면의 나와 대화하는 시간이 필요할 것이다. 비록 때로는 치약튜브처럼 많은 일에 쪼임을 당하고 결과적으로는 나만 소진되는 그런 일들이 반복된다고 해도 그 나름의 의미와 가치가 있음을 깨닫고 나의 도움을 필요로 하는 그런 사람들이 있음에 감사하는 한 해가 되었으면 하는 바람도 아울러서 해 본다.

도로와 길, 그리고 교육관의 차이

학습은 자신이 갈 길을 스스로 찾아 나서서 개척하는 과정이다

흔히 도로는 빠르게 가는 지름길을 의미하는 반면에 길은 자신이 선택한 길과 함께 혼연일체가 되어 함께 더불어 간다는 의미를 내포하고 있다. 도로는 누군가가 이미 닦아 놓은 길이기에 도로가 막혀서 교통체증을 불러일으켜도 기다릴 수밖에 없다. 막힌 도로 위에 정체되어 있는 사람이 취할 수 있는 방법은 그냥 수동적으로 기다리는 수밖에 없다. 물론 여러 가지 상념의 나래를 펼 수는 있지만 생각을 실천으로 옮길 수 있는 방안은 없다. 남이 이미 닦아 놓은 길을 빨리 갈 수도 있지만 도로가 막히면 자신이 본래 의도했던 시간보다 더욱 많은 시간이 걸리는 아주 느린 도로가 될 수 있다.

도로는 그래서 아주 빠른 길이면서 짧은 길일 수 있지만 때로는 엄청나게 오래 걸리는 아주 먼 길이면서 느린 길일 수도 있는 양면성을 지니고 있다. 하지만 기본적으로 도로는 빨리 가서 최단 코스가 된다는 의미를 내포하고 있다. 도로는 달리거나 뛴다는 이미지를 담고 있다. 도로에서 걷거나 천천히 달리면 심지

어 교통법규에 위배되는 수가 있다. 최저속도를 지키지 않으면 교통법규에 위배되어서 벌금을 내야 하는 경우가 발생할 수 있으며, 남에게 불편함을 끼칠 수도 있다.

반면에 길은 누군가가 닦아 놓은 길도 있지만 이제까지 아무도 가지 않은 길을 처음으로 가는 길도 있고, 다른 사람들이 일상적으로 따라가는 길이 아닌 전혀 다른 방향으로 갈 수도 있다. 그 만큼 길은 도로에 비해 자신의 생각과 의지에 따라서 얼마든지 다른 길로 갈 수 있는 가능성을 내포하고 있다. 무한한 가능성을 내포하고 있는 길은 또한 천천히 이것 저것 생각하면서 걷는 길이라는 이미지를 내포하고 있다. 길 주변의 풍경과 함께 어울리는 삼라만상을 감상하면서 천천히 걸어도 교통법규에 위배되지 않을 뿐만 아니라 누구에게 불편함을 끼칠 우려도 도로에 비해 적다.

길을 걸어가면서 지금 걷고 있는 길에 대해서 생각하기도 하지만 이 길과 연결될 수 있는 또 다른 길을 생각하기도 하고, 지금 걷고 있는 길과는 전혀 다른 길로 완전히 방향전환을 시도해 다르게 길을 걸어 갈 수도 있다. 다른 방향에 입각하여 다른 길을 갈 수 있는 것은 그 길을 가던 사람이 다른 생각을 할 수 있기 때문이다. 즉, 이러한 행동은 이전과는 다른 길을 선택하겠다는 도전정신과 이를 기반으로 하는 새로운 학습기회를 포착하겠다는 의지의 발로라고 볼 수 있다. 빠른 도로가 느린 도로가 될 수 있다는 가능성은 적지만 느린 길이 빠른 길이 될 수 있는 가능성은 얼마든지 존재한다.

도로는 도로와 혼연일체가 될 시간적 여유가 존재하지 않는다. 그저 빠르게 달려서 예상 소요시간보다 짧게 걸리는 도로가 각광을 받는다. 반면에 길은 '빠르게' 보다는 '느리게' 가 더 어울리는 메타포로 활용될 수 있다.

　도로철학을 반영하는 교육은 주어진 문제상황에서 가능하면 빨리 벗어날 수 있는 방법과 지식을 전문가가 미리 처방해 주고 처방된 약을 받아 먹고 그대로 따라하는 모범생을 길러 내는 데 많은 관심을 갖고 있다. 도로는 이미 누군가가 닦아 놓은 길이기에 학습자가 별다른 노력 없이 그냥 따라가기만 하면 된다. 이제까지 한국교육은 정답이 문제를 얼마나 빨리 찾아내느냐에 주안점을 두어 왔다. 스스로 생각하면서 자신의 주관을 피력할 기회는 주어지지 않고 이미 결정된 길을 이탈하지 않고 가장 잘 따라가는 것이 공부 잘하는지의 여부를 평가하는 기준이었다.

　창의력과 상상력을 중시하지만 사회전체의 교육관이 대학입시를 중심으로 교육체제와 제도, 그리고 이를 지원하고 암암리에 촉진하는 교육문화가 조성되어 있기에 창의력과 상상력은 날개가 부러진 채 아픔을 호소하고 있는 실정이다. 기존의 교육관과 교육 시스템 속에서 나올 수 있는 상상력과 창의력은 시험통과를 위한 창의력과 상상력일 뿐이다. 시험통과에 방해가 되거나 장애요인으로 작용하는 그 어떠한 학습활동도 용인되지 않는다. 만약 그런 교육을 하려면 학부모들의 거센 반발을 이겨 낼 수 있는 나름대로의 복안을 갖고 있거나 아니면 아예 대안학교를 운영하는 수밖에 없을 정도로 일정한 기준과 틀을 벗어나는 교육과 학습은 상상하기 어렵다.

　반면 길에 비추어 본 교육은 학습자 스스로 찾아갈 수 있는 방법을 가르쳐 주고 직접 학습자를 어디론가 떠나보게 하는 방법을 취한다. 길은 도로와는 달리 무한한 가능성을 내포하고 있다. 자신이 마음 먹기에 따라서 얼마든지 다양한 길이 개척될 수 있다. 길에 비추어 본 교육은 한 가지 정답만이 있는 것이 아니라 생각하기에 따라서 여러 가지 답이 가능하다는 점을 일깨워 주는 데 주안점을 두고 있다. 주어진 문제상황에 대해서 학습자가 스스로 충분히 고민하고 생각해 보게 하고 가능하면 스스로 의사결정을 한 다음 자신이 결정한 사항에 대해서는 스스로 책임을 지는 교육에 주력한다.

길의 철학에 비추어 본 교육은 함께 더불어 살아가는 미래의 삶에 대한 희망을 나누면서 그 희망을 실현시킬 수 있는 장본인이 바로 여러분들 스스로임을 강조한다. 자신이 직면한 삶에 대해 내가 어떻게 생각하고 어떤 의미와 가치를 부여하느냐에 따라 전혀 다른 길이 무한한 가능성으로 다가 올 수 있음을 함께 터득하고 나누는 삶에 주력힌다. 따라서 길의 칠힉에 비추어 본 교육은 남을 누르고 자기만 목적지에 빨리 도착하는 경쟁의식을 조장하기보다는 더불어 살아가는 삶의 소중함을 깨닫게 하면서 그 가능성의 문으로 인도하는 방법을 구체적인 일상적 삶 속에서 깨닫게 한다.

오케스트라에서 재즈로

학습은 재즈의 창발성을 촉진하는 과정이다

오케스트라는 역할분담은 다르지만 지휘자의 지휘에 의거하여 위대한 하모니를 창출하는 데 그 묘미가 있다. 사전에 잘 짜여진 팀워크도 중요하지만 각자가 맡은 분야에 대해서 맡겨진 역할을 충분히 소화해 내지 못한다면 오케스트라의 하모니는 창출되지 않는다. 철저한 역할분장과 임무할당, 해야 될 과제가 분명하지 않으면 지휘자의 뛰어난 지휘력도 무용지물이다. 그리고 본래 짜여진 각본대로 움직여야지 자기 마음대로 연주하면 오케스트라의 생명은 끝나 버린다. 이에 반해서 재즈연주는 재즈연주를 통해서 추구하는 연주곡의 스타일과 음색 그리고 성향 등을 공유하고 각자의 장기를 발휘하면 된다. 사전에 짜여진 각본이 전혀 없는 것은 아니지만 오케스트라 연주자와는 달리 융통성과 자율성이 높다.

재즈연주에서는 철저한 역할분장과 임무할당보다는 주어진 범위 내에서 어떤 즉흥연주를 멋드러지게 보여 줄 것인지가 핵심이다. 사전에 짜여진 각본대로 움직이기보다는 주어진 상황에서 흥을 돋우고 사람들의 감성을 자극하는 즉흥연주가 생명이다. 따라서 주어진 악보를 얼마나 잘 따라하느냐가 문제되기보다는 없는 악보 속에서도 주어진 상황에 대응하는 임기응변력과 즉흥적 실천력이 중요한 능력으로 대두된다.

오케스트라는 재즈연주의 속성에 비추어 볼 때 외부환경은 사전에 철저하게 계획을 수립하고 이에 따라 일사분란하게 움직이는 조직을 원한다. 그러나 재즈는 시시각각 변화되는 환경변화에 얼마나 발빠르게 대응할 수 있느냐가 관건이다. 즉, 본래 계획에 없던 다양한 사건과 사태가 발생할 때 조직은 이에 대응하여 직관적으로 판단해서 즉흥적으로 의사결정하고 과감하게 실천할 수 있어야 한다.

따라서 조직은 그 어느 때보다도 환경변화에 대한 감지력과 대응력이 높아야 한다. 이런 상황하에서는 오케스트라 조직보다는 재즈 조직이 필요하다. 장기적인 관점에서 철저한 계획을 수립하고 이를 철저하게 따라가는 조직보다는 장기적인 방향성을 포착하고 중기적인 관점에서 주어진 상황이 요구하는 변화요구에 빠른 단기적인 대응을 통해 경영활동을 전개할 수 있는 임기응변력 높은 조직이 요구된다.

오케스트라 조직이 재즈 조직으로 바뀌면서 오케스트라를 지휘하는 리더십은 재즈연주를 하는 재즈 리더십으로 탈바꿈될 필요가 있다. 구성원의 다양성을 통합하여 한 방향으로 결집시켜 목표달성을 위해 매진하는 것도 중요하다. 하지만 한 사람이 다양한 조직 구성원을 한 방향으로 끌고 가기에는 이제 역부족이다. 구성원 모두가 리더가 되어야 한다. 오케스트라 지휘자의 지휘봉을 쳐다보고 기다릴 시간이 없다. 조직 밖의 환경은 구성

원의 엄청난 자율성과 각자의 상황판단력에 따라 우선 모종의
실천을 요구한다. 재즈 리더십은 구성원의 개성을 존중하고 그
들의 능력이 최고도로 발휘될 수 있도록 조장하고 고무하며 격
려한다. 방향성이 없는 어둠 속에서도 스스로 빛을 찾아 과감하
게 어디론가 떠날 것을 요구한다. 그때그때 상황에 따라 어떻게
하느냐의 여부는 전적으로 내가 갖고 있는 상황판단력과 대응능
력에 의해 좌우된다. 따라서 재즈 리더십은 구성원이 그런 능력
과 실천적 대응을 할 수 있도록 여건과 환경을 조성해 주면 된
다. 그 무대 위에서 독자적으로 자신의 역할을 발휘해야 하며,
예기치 않은 돌발변수가 생겨도 검토하고 분석할 시간적 여유가
주어지지 않는다.

　재즈연주는 내가 무엇을 어떻게 할 것인지를 사전에 철저하게
규명하지 않는다. 연주 도중에 본래 의도했던 방향과는 전혀 다
른 방향으로 진전되는 것을 전혀 당황해하지 않으며 오히려 그
것을 즐긴다. 연주 이전에 어떤 방향으로 갈 것인지에 대한 잠
정적인 합의만이 존재한다. 청중과의 역동적인 상호작용과정을
통해서 그들이 함께 어울리고 참여하는 무대를 만들기 위해 그
들과 혼연일체가 된다. 따라서 연주도중에 어떤 일이 발생할지
예언하기가 쉽지 않다. 그렇다고 마음내키는 대로 마구 연주하
는 아나키스트적 연주는 아니다. 분명 목적이 있고 가고자 하는
방향이 있으며, 연주를 통해서 달성하고자 하는 바가 있다. 다
만 그것마저도 연주의 과정을 통해서 바뀔 수 있다는 전제를 갖
고 있다.

　우리는 재즈연주와 같이 주어진 특정 상황에서 전문적인 지
식과 기술을 연습하면서 전문가적인 수준의 능력을 습득하고

발휘할 수 있어야 한다. 연주의 과정을 통해서 연주의 결과가 결정되듯이 학습의 여정을 통해서 내가 학습한 결과가 결정되는 것이다.

학습은 오케스트라 연주보다는 재즈연주에 가깝다. 학습과정에서 만나는 예기치 못한 돌발변수는 학습자의 창조적 긴장감을 조성하는 데 일조할 수 있다. 학습여정에서 언제 어떤 일이 일어날 것이며 그래서 어떤 결과를 얻을 수 있을 것인지를 예측할 수 있으면 학습효과는 반감된다. 가보지 않은 길, 예상되지 않은 결과가 중도에 나타날 때 대응하는 과정을 통해서 보다 유의미하고 실천적인 가치가 있는 학습이 많이 발생한다.

따라서 학습과정에 어디로 갈 것인지에 대한 개략적 방향성과 도달시점을 가르쳐 주고 학습여정 동안 내가 무엇을 어떻게 해서 학습활동을 전개할 것인지는 학습자의 참여의지와 활동여하에 따라 천차만별이다. 다양한 상황에서 여러 가지 방법으로 이루어지는 부단한 연습만이 그 분야의 최고봉이 될 수 있다. 주어진 길을 정해진 규칙에 따라서 반복하는 과정은 학습에 그다지 큰 도움을 제공해 주지 못한다. 일단 미지의 길로 뛰어들어 주어진 상황에 대응하면서 터득하는 전문성만이 오늘날과 같이 격변하는 환경을 선도할 수 있다.

여섯 가지 삶의 지혜와 학습
학습은 일상적 삶을 통해서 그 본질을 파악하는 과정이다

디지털 지식기반 사회가 요구하는 학습은 상동성(相同性, homology)의 배움이라기보다는 배리성(背理性, paralogy)의 배움이다. 상동성은 기존 지식체계에 대한 합의와 찬성으로부터 새로운 가능성을 찾아내지만 배리성은 기존 지식체계에서 예지일탈적 벗어남과 어긋남으로부터 새로운 가능성을 찾아낸다.[1] 이미 체계화되어 굳건하게 자리잡고 있는 기존 권위에 대한 비판과 도전으로 다르게 보고 다르게 생각하고 다르게 행동하는 학문적 실천으로부터 배리성의 배움의 길은 시작된다. 기존 지식체계가 이미 내재하고 있는 권위로부터 벗어나서 상동성과는 근본적으로 어긋나는 세계관을 제시함으로써 평온한 학문 공동체에 심각한 혼동을 일으키는 배리성의 배움여정은 문제와 더불어서 문제의식을 심화시키는 학습활동이다. 이런 점에서 강

---

1) 한준상(2001), 『학습학』, 서울: 학지사.

수돌[2])이 삶의 위기를 벗어나기 위해 제시한 다섯 가지 지혜를 배리성의 학습에 원용해 보면 매우 의미있는 시사점을 도출할 수 있다. 그가 지적하고 있는 첫째 지혜는 주어진 조건을 그대로 수용하고 적용하는 대신 그것을 '뒤집어 보는' 지혜다. '뒤집어 보는' 지혜를 학습원리 및 방법개발에 적용해 보면 일명 '뒤집어 보는 학습' 또는 '뒤에서 보는 학습'의 원리 및 방법으로 도출해 볼 수 있다.

'뒤집기 학습'은 제시되는 정보 또는 학습자를 둘러싸고 산재하는 다양한 정보들의 피상적 의미를 그대로 수용하지 않고 그 정보가 어떤 상황적 맥락과 배경에서 탄생했으며 그 정보가 담보하고 있는 사회·문화·역사성이 무엇인지 반추해 보는 학습이다. 뒤집어 보는 활동을 통해서 정면에서는 볼 수 없었던 이면의 의미구조나 관계망들을 겉으로 드러내 놓고 뜯어내거나 파헤쳐 봄으로써 현상의 본질을 간파해 내는 학습활동이다. 특히 디지털화된 정보는 탈맥락화된 정보, 즉 컨텍스트가 증발된 텍스트만의 정보이기에 '뒤집기 학습'을 통해서 텍스트의 집인 컨텍스트를 추적해 내는 학습활동이 더욱 요청된다.

둘째는 끊임없이 어디에선가 만들어져 나에게 수용되도록 강요하고 있는 것을 무엇인가 '다르게 느끼는' 지혜다. '다르게 느끼는' 지혜에서 원용할 수 있는 학습원리 및 방법은 '삐딱하게 보는 학습'이다. '뒤집기 학습'이 현상의 이면에서 보이지

---

2) 강수돌(1998), 『문화과학』, 가을호, 46-50. 이 글은 「경제와 사회 그리고 생활문화: 경제위기에 대한 비경제주의적 이해」에서 제시한 다섯 가지 삶의 지혜를 학습의 관점에서 풀어 본 글이다.

않는 부분을 들추어 냄으로써 피상보다는 현상의 본질과 구조적 패턴 및 정보가 탄생한 컨텍스트를 비판적으로 분석해 보는 학습이라면 '삐딱하게 보는 학습'은 일종의 '측면 공략식 학습'이다. '삐딱하게 보는 학습'은 주어진 현상이나 사물의 본질을 왜곡해서 보는 것이 아니라 이미 통용되고 있거나 지배적인 관점과는 다른 각도에서 다른 방향을 지향하면서 다르게 느끼고 다르게 생각하게 함으로써 기존의 관점과는 다른 학습결과가 창출될 수 있도록 촉진하는 학습이다.

특히 '다르게 보는 학습'이 디지털화된 정보를 매개로 일어나는 학습에서 중요한 의미를 지니는 이유는 디지털화된 정보가 하이퍼링크 형태로 존재하기 때문이다. 즉, 디지털 네트워크상에 존재하는 정보는 독립적 개체로 존재하는 정보도 있지만 대부분의 정보가 또 다른 정보에 링크되어 존재한다. 따라서 이제는 나와 다른 정보가 어떤 관계망에 의해서 왜 링크되어 있는지 간파할 필요가 있다. 내가 어떤 정보망 속에서 자리매김하고 있는지를 측면에서 바라보면서 정보가 어떤 시각과 관점 그리고 맥락성 속에서 연계되어 나의 시각과 관점을 지원해 주고 있는지 주시하고 있어야 한다.

한마디로 '삐딱하게 보는 학습'은 링크됨으로써 링크되지 않고 배제되거나 소외되어 침잠되어 있는 다른 목소리에 귀를 기울여 그들의 입장에서 겉으로 부각되고 있는 현상이나 정보의 본질적 속성을 전혀 다른 시각으로 꿰뚫어 통찰해 내는 학습이라 볼 수 있다.

셋째는 여러 가지 모습의 파편처럼 흩어져 있어 나의 삶과는 아무런 상관도 없는 것처럼 처리되는 것들을 나의 삶과 관련시키기 위해 모두를 하나의 연관된 것으로 '이어보는' 지혜다. '이어보는' 지혜가 학습원리 및 방법 개발에 시사하는 점은 '엮어 내는 학습' 또는 '관계론적 학습'이다. 이는 정보의 바다에서 부표(浮漂)하는 다양한 정보 파편들을 긁어 모아 모래알처럼 독립적 개체로 존재하는 정보들 사이에 존재하는 관계망을 포착하고 의미를 부여함으로써 새로운 관계로 엮어내는 학습을 의미한다. 또한 '엮어내는 학습'은 겉으로 보기에는 아무런 관계가 없는 것처럼 보이지만 주도면밀하게 오목조목 따져 보아 정보들 간에 구조적 관계가 내재되어 있음을 밝혀낸다. 나아가 '엮어 내는 학습'은 산만하고 복잡한 정보 파편들을 일정한 구조와 체계에 따라 조직하고 재편집함으로써 전혀 다른 의미로 부각될 수 있도록 정보를 디자인하는 학습활동이 되는 것이다.

'엮어 내는 학습'은 특히 디지털화된 정보 파편 또는 비트 부스러기들이 산재하는 디지털 네트워크상에서 비트와 비트를 잡종교배시켜 새로운 의미를 담고 있는 정보로 재가공·재편집함으로써 새로운 관계맺음을 유도하는 학습활동이다.

넷째는 나를 하나의 굴레 속에서 살아가도록 만드는 기존의 환경이나 조건으로부터 과감하게 '빠져 나오는' 지혜다. '빠져 나오는' 지혜에서 배울 수 있는 학습원리 및 방법상의 교훈은 '벗어나는 학습' 또는 '궤도일탈 지향적 학습'이다. '벗어나는 학습'은 편향적 사고를 조장하고 새롭게 바라보고 시도하기를 원천적으로 봉쇄하는 고정관념이나 극단적 보수를 지향함으로써 안정을 추구하는 수구지향적 사고에 반기를 드는 학습활동이다. 따라서 '벗어나는 학습'은 가장 우선적으로 폐기학습 또는 망각학습(unlearning)의 지원을 받을 필요가 있다. 폐기 또는 망

각해야 기존의 것과 다른 새로운 사실이나 정보를 받아들일 수
있는 여지가 생기기 때문이다. 이런 측면에서 '벗어나는 학습'
은 기존 지식체계의 무조건적 수용 또는 합의와 찬성의 뜻을 전
하기보다는 궤도일탈을 자주 일삼으면서 현존 공동체 내에서 진
리(眞理)라고 인정되는 세계관에 정면으로 도전하며, 특정 상황
적 맥락 속에서만 진리로 인정되는 일리(一理)를 제시한다.

　'벗어나는 학습'에서 벗어나는 근본적인 이유는 벗어남으로써
그 동안 자신이 몸 담고 있는 세계를 바깥사람의 관점에서 들여
다볼 수 있는 시간적 여유를 얻고자 하는 것이다. '벗어나는 학
습'이 디지털 네트워크상에서 특히 중요한 의미를 갖게 된 것은
숨쉬기 어려울 정도로 엮어져 있는 하이퍼링크 정보망을 벗어나
서 엮어지지 않은 상태에서 엮어진 내면을 들여다볼 경우 얻을
수 있는 많은 가능성 때문이다.

　다섯째는 그런 모두를 진지하게 고려하고 반추하면서 정말로
새로운 것을 '새롭게 만드는' 지혜다. '새롭게 만드는' 지혜가
새로운 학습원리 및 방법에 던져 주고 있는 시사점은 '새롭게
만들어 내는 학습', '변신을 지향하는 학습' 또는 '일일신우일
신(一日新友一新) 지향 학습'이다. 기본적으로 학습은 현존상태
로부터 미래의 바람직한 상태로 변신하기 위해 이루어지는 의도
적인 활동이다. 기존 상태로부터 바람직한 미래 상태로의 변신
이 이루어지기 위해서는 우선 내가 왜 현존상태로부터 탈출하여
미래의 바람직한 상태로 가야 되는지에 대한 필요성을 절감하는
것이다. 이런 필요성은 변신을 지향하는 학습이 전개되기 위한
일차적 조건이다.

　'새롭게 만들어 내는 학습'은 지금까지 언급한 '뒤집어 보는

학습', '삐딱하게 보는 학습', '엮어 내는 학습', '벗어나는 학습'의 원리와 전략을 통합·적용할 때 발현된다고 볼 수 있다. 즉, 기존의 정보를 매개로 새로운 지식을 창출해 내기 위해서는 기존 정보를 뒤집어 보면서 숨겨져 있는 이면의 본질을 추적해 내고, 삐딱하게 보면서 전혀 다른 관점을 끄집어 내서 새로운 관계망으로 엮어 낼 필요가 있다. 나아가 항상 특정 학문 공동체 내에서만 통용되는 지배적인 입장 또는 진리로부터 벗어나 끊임없이 예지일탈적 학습활동을 전개하는 '벗어나는 학습'을 통해 새로운 지식을 창출하도록 지속적으로 전개할 필요가 있다.

여섯째는 매사를 신중하게 검토하고 분석하면서 많은 고민을 하기보다는 도전정신과 열정을 가지고 적극적으로 실천해 보는 '뛰어드는' 지혜가 필요하다. '뛰어드는' 지혜를 통해서 얻을 수 있는 학습원리 및 방법은 '도전해 보는 학습(learning by challenging)'이다. '도전해 보는 학습'은 기차 기관사 운전방식보다는 택시 운전방식의 학습을 지향한다.[3]

사전에 수립된 계획에 따라서 움직이는 기차 기관사 운전방식을 차용하는 학습활동은 학습활동을 시작하기 이전에 무엇을 어떤 방법으로 학습해서 어떤 결과를 창출해 내야 되는지에 대해서 학습자마다 동일한 이미지를 갖도록 한다. 반면에 택시 운전사 방식의 학습은 길이 막히면 과감하게 샛길을 선택하는 리스크를 선취함으로써 언제, 어떤 상황이 발생할지 예측하기 어렵다. 따라서 택시 운전사 방식을 차용하는 '도전해 보는 학습'은

---

3) 유영만(2002), 『e-세상 e-러닝: e모양 e꼴의 e러닝』, 서울: 한언.

학습자로 하여금 역동적이고 복잡한 학습상황에서 다양한 기회
를 포착, 시도해 보는 학습활동을 전개할 수 있도록 지원하고
촉진한다. 때문에 택시 운전사 방식은 학습환경과 자원을 설계
하고 그 속에서 자기 지식으로 체화(體化)시키는 학습활동을 유
도해 낼 것인지에 대한 사전 기획이 필요하다. '도전해 보는 학
습'은 Schank[4]가 주장하는 실패를 통한 학습을 통해 학습결과
의 현장적용가능성을 높이는 학습과도 일맥상통하고 있다.
Schank의 실패기반 e-Learning은 지극히 개인적인 상황에서 실
패를 체험할 수 있도록 조치하고 실패결과를 성찰해 보게 함으
로써 실제 장면에서는 오히려 실패할 가능성을 감소시키는 학습
이다.

---

4) Schank (2002). *Designing World-ceass e-Learning*. New York, NY:
McGrow-Hill.

2

배움(學)만 존재하는 학습,
익힘(習)까지 함께하는 학습

참다운 배움과 익힘
학습은 배움의 과정인 동시에 익힘의 과정이다

예술이란 "삶 위에 왕관을 씌우는 것이 아니라 일상적 삶과 직면하는 것"이라고 항거하면서 자신의 나체 사진을 인터넷에 공개했다는 이유로 직위해제당한 전교조 출신 교사 이애숙 선생이 한 말이다. 삶 위에 왕관을 씌우는 것은 삶을 있는 그대로 바라보지 않고 치장하고 각색하고 조작해서 오히려 삶을 왜곡시켜 보게 하는 장본인이라고 보는 것이다. 반면에 일상적 삶과 직면해서 전개하는 예술적 활동은 삶과 예술이 별개의 독립적인 활동으로 간주되지 않는다는 것이다.

예술은 일상적 삶과 가장 가까운 거리에서, 아니 삶 속에 뛰어들어 보고 느낀 점을 표현하면서 삶과 더불어서 어우러지는 삶의 다른 측면일 뿐이다. 때로는 삶이 예술이고 예술이 삶인 것이다. 예술이라는 장식품으로 삶을 치장하고 가식적으로 꾸미는 노력은 삶을 왜곡시키고 예술을 마치 여유로운 시간 또는 사치스러운 생활을 즐기기 위한 활동쯤으로 생각하는 경향이 있어서 예술이 우리 삶을 살찌우는 것이 아니라 오히려 황폐화시킬 뿐이다.

지금의 우리 예술 현실은 삶과의 긴밀한 소통 속에서 일상적 삶을 담아 내는 예술이 아니라 삶을 오히려 일상으로부터 격리시켜 결국에는 삶과 예술이 소통하지 못하게 소외시키는 역할을 수행하는 것은 아닌지 생각해 볼 시점이 된 것이다. 자신이 나체의 몸짓으로 항거하고자 했던 의도와 지향점을 제대로 이해하지 못하고 겉으로 드러난 성의 노출만으로 매도해 버리는 현실을 개탄하면서 토로했던 표현이다.

삶의 구석구석, 일상의 단면에서 끌어올린 글이 사람들을 감동시키는 이유는 삶의 일부 또는 특정 부분을 표현하기 위해 추상화 · 객관화시켜서 간단 명료하게 표출시킨 지식이 아니라 나의 이야기인 것처럼 일상의 단면을 가공하지 않고 그냥 드러내 놓으면서 독자들의 상상력의 나래를 기다리고 있기 때문이다. 머리로 알고 깨달아야 할 관념적 지식 덩어리가 아니라 온몸으로 체험하고 가슴으로 느껴서 결과적으로 그것이 무엇인지를 스스로 깨닫게 되는 지혜가 숨어 있기 때문이다.

독자가 모르는 부분을 일러 주고 그래서 앎의 여정에 수동적으로 참가하는 절름발이 학습여정이 아니라 직접 부대껴 보고 한걸음 물러나 자신이 직면하고 있는 삶의 이면을 파헤쳐 보는 배움의 여정이 필요하다. 배운 바를 직접 실천해 보고 자신의 것으로 완전히 내재화시키는 별도의 '익힘(習)'의 과정이 배움(學)의 과정과 함께 따라주지 않는다면 머릿속으로는 많이 알지만 자신이 아는 바를 직접 실천할 수 없는 절름발이 지식인의 역할만 수행할 뿐이다. 배우는 시간과 노력은 많이 투자하면서 익히는 과정에는 인색한 편이다. 배움도 익힘도 모두 우리가 발을 딛고 서 있는 현실적 맥락 위에서 전개되어야 한다.

익힘과 배움의 과정에는 물음의 과정이 필연적으로 동반되어야 한다. 배우는 과정이 남이 만든 지식을 나의 것으로 만드는 첫 번째 과정이라면 익힘의 과정은 남의 지식 또는 남의 지식에 대한 나의 통찰력을 기반으로 나의 지식을 창조하는 과정이다. 배움의 과정이 익힘의 과정을 반드시 동반해야 하는 이유는 배움의 과정만으로는 여전히 수동적인 입장에서 남이 만든 정보와 지식을 받아들이는 과정이기에 진정한 의미의 내 지식(personal knowledge)이 생성되지 않기 때문이다.

보다 적극적으로 자신의 입장에서 남의 지식이 실제로 내가 처한 상황에서 어떤 의미와 시사점을 던져 주고 있는지를 실천적인 적용의 과정 즉, 내 지식으로 내면화되는 익힘의 과정을 통해서 비로소 내 지식으로 창출되고 그렇게 창출된 지식이 나에게 유의미하게 다가오는 것이다.

배우고 익히는 과정에 물음이 제기되지 않는다면 절름발이 배움과 익힘의 과정으로 머무를 수밖에 없다. 그만큼 물음은 수동적 배움의 과정을 적극적인 배움의 과정으로 전환시키고 나와 타자와의 단순한 만남을 통해 고뇌하면서 나의 것으로 만드는 익힘의 과정의 본질적 의미를 다시 한 번 성찰하게 하는 원동력으로 작용한다. 묻지 않고 단순히 배우거나 익힌다면, 그리고 특정한 문제 의식 없이 주어진 지식을 단순히 흡수하고 적용하는 과정을 반복한다면, 이러한 과정을 통해서 창출되는 지식은 그만큼 개인적인 유의미성뿐만 아니라 주어진 상황에서 가질 수 있는 맥락성이 떨어질 수밖에 없다.

지금 우리는 익히는 과정이 생략된 상태에서 배우는 과정만을 집중적으로 강요하고 있지는 않은지 그리고 배우고 익히는 과정에서 물음의 과정이 생략된 채 지식창출 및 공유의 효율성만을 강요당하고 있는 것은 아닌지를 스스로에게 물어 볼 필요가 있다. 물음이 제기되는 가운데 배움과 익힘은 연계되고 비로소 온전한 학습활동으로 자리매김할 수 있다.

책읽기와 글쓰기

학습은 읽은 글을 직접 써 보면서 육화(肉化)시키는
과정이다

독서를 해야 한다는 필요성과 중요성 그리고 당위성에 대해
서는 반론의 여지가 없다. 그래서 많은 사람들이 여러 가지 목
적으로 독서를 생활화하고 있으며, 특정 목적을 달성하기 위해
다양한 방식으로 독서를 한다. 때로는 자기 분야와 관련된 책을
읽기도 하고, 신선한 아이디어를 얻어 발상의 전환을 하기 위해
책을 읽기도 한다. 이와 같이 독서의 목적과 방식은 자신이 직
면하고 있는 문제 상황 또는 일상적 맥락의 특수성에 따라서 다
를 수밖에 없다.

독서의 핵심은 얼마나 많은 책을 읽느냐에 있지 않고 읽은 독
서의 결과를 어떻게 활용하느냐에 있다. '책을 얼마나 많이 보유
하고 있느냐'라는 양적인 판단기준이 중요한 것이 아니라 '보유
하고 있는 책 중에 어느 정도 유용한 책이 있으며, 그 유용성을
실제로 자신이 직면하고 있는 문제나 특정 과제 해결에 적용하
여 모종의 효과를 보느냐'라는 질적인 판단기준이 중요하다. 책
을 읽는 문제와 읽은 책의 내용을 활용하는 문제는 결코 동일한

활동이 아님은 상식적으로도 잘 알 수 있다. 즉, 책읽기만큼 읽은 책의 내용을 자신의 관점으로 되뇌어 보면서 자신이 생각한 결과를 직접 글로 표현하는 일은 전혀 다른 차원의 활동이며, 읽은 책의 결과가 유의미한 결과로 연결되기 위해서는 반드시 책읽기 노력과 함께 자신의 관점에서 정리해 그 어떤 활동으로 연결되어야 한다는 것이다. 그러나 문제는 대부분의 사람들이 그러한 당위성을 실천하지 못하는 데 있다.

우리 주변에는 비교적 많은 책을 읽지만 읽은 책의 양에 비추어 볼 때 일상생활은 물론 생각하는 방식에 전혀 변화가 없는 사람이 많다. 늘 무엇인가를 읽고 있는 것 같지만 읽고 느낀 점을 자신이 생각하는 과정이나 행동하는 방식에 반영하지 않고 여전히 종래의 방식대로 자연스럽게 자신도 모르게 행동하는 경우를 많이 목격할 수 있다. 본인이 직접 "아, 그 책 정말 괜찮았다"라는 표현을 쓰고 그 감동의 수준이 대단했다는 점을 그 이야기를 듣는 사람도 공감하는 바이지만 여전히 생각과 행동은 변하지 않는 경우가 많다. 즉, 읽고 느낀 바가 많다고 하지만 느낀 수준에 그치고 느낌이 구체적으로 표출되어 작은 변화를 추진하거나 이제까지 했던 방식과는 다른 관점에서 생각하고 일을 추진하는 과정까지 연결시키는 사람은 그리 많지 않다.

똑같은 책을 읽는다고 해도 사람마다 다른 독서의 결과를 가져오는 것은 그 사람이 어떤 목적과 의도로 그 책을 읽었느냐도 중요한 변수로 작용하지만 읽은 내용을 가슴으로 느끼고 머릿속으로 기억하는 수준에서 그치지 않고, 저자의 생각을 더듬어 그 문장 속에서 그런 생각을 하게 된 배경과 의도가 무엇인지 파악하는 것도 중요하다. 그래서 그것이 어떻게 구현되고 있으며,

나아가 나의 입장에서 재해석하고 그 결과를 다시금 나의 용어로 정리해 보는 노력을 하느냐의 여부에 따라 달라질 수 있다. 그래서 책읽기는 이미 글쓰기의 시작이라고 볼 수 있다. 읽은 내용을 자신의 생각과 관점으로 다시 정리하지 않으면 읽을 때는 가슴 뭉클한 감동을 주었지만 감동의 순간이 시간과 더불어 점점 언제 그랬느냐는 듯이 사라져 버리기 때문이다.

읽는 것이 중요하지만 읽은 내용을 내가 생각하는 관점으로 논점을 다시 정리하고 저자의 본래의 의도와는 관계없이 내가 해석한 방식대로 나의 논리적 구조에 따라 다른 방식으로 글을 써보는 것도 중요하다. 글을 쓰다보면 이전에 읽었던 다른 책의 몇몇 아이디어가 연계되어, 쓰기 이전에는 기대하지 않았던 전혀 다른 논리적 구조와 핵심 메시지를 가진 다른 글로 탄생하는 모습을 발견할 수 있을 것이다. 글쓰기는 그래서 책읽기의 최종 결과라고 볼 수 있다. 즉, 글쓰기는 책읽기와 전혀 다른 별개의 다른 활동이 아니라 책읽기와 함께 동반되는 또 다른 측면이라고 볼 수 있다.

책을 읽고 끝나는 독서, 읽으면서 다행히도 어느 정도의 감동을 주어서 그 느낌을 간직하는 독서, 특정한 목적을 달성하기 위해 어쩔 수 없이 읽어야 하는 독서, 목적을 달성하기 위해 책을 읽었지만 읽는 도중에 나름대로 차후의 다른 목적을 위해 메모를 하는 독서 등 여러 가지 독서가 존재하지만 결국 독서의 결과가 자신의 관점으로 정리하는 글쓰기와 연결되지 않는다면 읽은 결과의 영향력은 현격히 감소될 수밖에 없다.

여기서 글쓰기란 전문적인 글쓰기를 지칭하지 않는다. 그냥 자연스럽게 책을 읽은 다음 자신의 생활과 빗대어 느낌을 간단하게 정리하는 글쓰기를 지칭할 수도 있고 내가 직면하고 있는 문제상황에 특정한 내용이나 아이디어를 어떻게 적용하여 활용할 것인지에 대한 간단한 메모일 수도 있으며, 더 나아가 이미 읽은 책이 시사하는 핵심개념과 지금 읽는 책의 핵심개념을 연결시키고 특정한 관계를 구성해 보는 방식의 글쓰기일 수도 있다. 어떠한 글쓰기든지 책읽기가 글쓰기의 과정을 통해서 몸으로 체득되지 않는다면 책읽기의 결과가 시간의 흐름과 더불어 망각의 강으로 빠르게 흘러간다. 머리로 책의 내용이 전개되는 논리적 구조나 전체 책의 내용이 전해 주는 핵심 메시지를 이해하고 나아가 가슴으로 느낀 바가 많지만 이해도와 감동한 점을 책에서 벗어나 손가락을 움직여 재정리해 보고 직접 적용해 보는 노력을 전개하는 육화(肉化)의 과정이 동반되지 않으면 독서는 피상적으로 끝나버리기 일쑤다. 책읽기가 머리로만 이해하는 반쪽 이해의 과정이라고 한다면 글쓰기는 손가락으로 워드를 치는 타법의 과정이든, 직접 펜으로 글을 쓰면서 일어나는 손가락 노동이든, 일종의 육화의 과정이라고 볼 수 있다.

영어단어를 암기할 때 수많은 연습장 위에 손가락이 아플 정도로 계속해서 단어를 썼던 기억을 갖고 있을 것이다. 그리고 분명 그냥 단어를 눈으로 읽고 머릿속에 저장하는 노력보다 직접 손으로 연필이나 볼펜을 움직여서 연습장 위에 쓰면서 암기하는 방법의 효과가 월등하게 높음을 체험했을 것이다.

간단한 접속과 검색을 통해서 순간적으로 번뜩이는 아이디어가 솟아나는 경우도 있고 단순히 특정 사이트의 내용을 눈으로 읽는 것만으로도 읽기의 효과가 있을 수 있지만 그 내용이 전해 주는 핵심 메시지가 무엇이며, 그것이 도대체 나의 분야, 내가 고민하고 있는 과제에 어떤 시사점을 던져 줄 수 있는지를 하얀 백지 위에 몇 개의 문장으로 직접 써 보는 노력이 동반된다면 독서의 효과는 더욱 커질 수 있다. 나아가 이전에 읽었던 또 다른 내용과 무슨 관계가 있는지를 끊임없이 되물어 보는 성찰의 과정과 함께 성찰의 과정을 일정한 관계망으로 엮어보는 작업이 동반되지 않고서는 독서의 효과는 미미할 수밖에 없다.

이런 모든 노력의 과정에 엄청난 시간을 필요로 하는 것처럼 생각될 수도 있지만 실제로는 그렇게 많은 시간을 요구하지 않을 수도 있다. 독서와 독서의 결과를 정리하는 과정이 순간적으로 그때그때 상황적 맥락에 따라 일어나기 때문에 자투리 시간을 요구하는 경우가 많다. 자투리 시간이 모이면 엄청난 축적 효과가 나타난다. 이런 노력을 계속적으로 하는 사람과 그렇지 않고 계속 책을 읽는 사람과의 차이는 종국에는 그야말로 천지 차이가 날 수 있다.

그냥 읽지만 말고 무엇인가를 써 보자. 쓰면 새롭게 정리되고 쓴 내용이 어떤 목적을 위해 전혀 예기치 않은 방향으로 활용될 수 있는 가능성 또한 있다. 쓴 글이 어떻게 뻗어 나갈 것인지는 그 글을 쓰는 사람도 사전에 짐작하기 어렵다. 왜냐하면 글을 쓰는 와중에 어떤 생각의 나래가 펼쳐지고 또 다른 개념과 어떤 관계를 맺게 될지 전혀 알 수 없기 때문이다.

창조적 긴장감과 학습
학습은 창조적 긴장감을 조성해서 무엇인가를 집요하게
추구하는 과정이다

배가 고프면 주변의 많은 것이 먹을 것처럼 보이는 것과 마
찬가지로 머리가 고프면 주변의 많은 정보들이 새로운 모습으로
다가오기 시작한다. "배가 고프다"는 얘기는 하지만 "머리가 고
프다"는 얘기는 별로 안 하는 것 같다. 머리가 고프다는 얘기는
다음 몇 가지 의미로 생각해 볼 수 있다. 우선 머리가 고프다는
것은 머릿속에 유지되었던 균형이 깨졌다는 것이다. 다시 말해,
평온한 상태의 뇌리 구조가 혼란스러운 뇌리 구조로 전환됨으로
써 외부에 산재하는 정보를 흡수할 수 있는 준비상태가 되었다
는 것이다. 인간은 다행스럽게도 자기 조직화 시스템의 기능을
갖고 있어서 시스템 내부에 균형이 깨지면 자체의 노력에 의해
깨진 균형을 회복하려 한다.

이러한 혼돈과 갈등, 심각한 딜레마 상황 속에서 탈출하기 위
해서는 결단의 최전선으로 자신을 몰아붙여야 한다. 너무 오랫
동안 지속되는 검토의 시간은 타이밍을 상실해서 다시 기회를
포착하기 어려울 것이다. 마지막 보루에서 이루어지는 결단의

순간은 상황에 대한 신속한 분석과 의사결정 과정에 관여하는 수많은 변수들을 한꺼번에 고려해야 되는 팽팽한 긴장감, 육감과 통찰력 그리고 직관적 판단력을 요구한다. 이때 머리는 많은 에너지를 필요로 하며 극도의 혼란상태를 경험하기도 한다. 무엇보다도 이 상황을 탈출하기 위해서는 주변에 활용 가능한 정보를 빠른 시간 내에 입수하여 해당 정보를 어떻게 관계 지워 활용하느냐에 따라 극도의 혼란 상태에서 어느 정도의 조화와 안정상태로 회복되느냐가 결정된다. 이 순간은 비록 짧은 찰나의 순간이지만 엄청난 뇌세포가 동원되어 스파크가 일어나고 학습곡선도 가파른 상승곡선을 그리게 된다. 팽팽한 긴장감은 창조의 원동력이며 학습이 일어나기 위한 최적의 순간이다.

문제는 의도적으로 평온한 뇌리상태를 파괴하여 늘 균형이 깨진 상태를 유지함으로써 주변에 산재한 정보를 지속적으로 적극적인 입장에서 수용하고 완전히 흡수할 수 있는 상태를 어떻게 유지하느냐이다. 그렇지 않고 머릿속이 편안하면 아무리 좋은 정보를 던져 준다고 해도 받아들여지지 않을 것이다. 배가 부르면 아무리 맛있는 음식이 있어도 먹고 싶지 않은 것과 동일한 이치라고 볼 수 있다. 따라서 정보 제공자의 입장은 정보 수용자가 잘 받아들일 수 있도록 오감각을 자극하고 쉽게 받아들여서 이해하기 쉽도록 정보를 디자인하느냐가 관건으로 작용한다.

또한 학습은 다양한 독서를 통해서 얻은 새로운 아이디어와 통찰력을 실제 경험적 영역에 적용해 보려는 실험정신에 의해 촉발된다. 책을 그냥 읽는 것이 아니라 읽으면서 이미 얻은 아이디어와 어떻게 연결시키느냐에 대한 고민과 노력이 창조적 긴장감을 조성한다. 이렇게 독서의 과정을 통해서 습득한 이질적 아이디어 간의 잡종 교배는 제 삼의 또 다른 아이디어를 구상하는 밑거름으로 작용하며 이 와중에 많은 학습이 발생한다. 즉, 학습은 평온한 뇌리 구조가 지속적으로 파괴될 수 있도록 모종의 사고기능이 작동될 때 발생한다.

　남들이 가보지 않은 길을 최초로 가봄으로써 가보지 않은 상태에서 생각되는 두려움과 기대감은 학습이 발생될 수 있는 한 조건을 제공해 주는 셈이 된다. 이미 가 본 길을 반복해서 간다면 별다른 학습이 발생하지 않는다. 왜냐하면 가 보지 않은 상태에서 어떤 일이 발생할 수 있을지 예상하는 일과 이미 가 본 길의 경험을 토대로 예상하는 일은 질적으로 차이가 나기 때문이다. 예를 들면, 기차 기관사가 일년 내내 동일한 길을 거의 비슷한 시간대에 출발해서 예정된 목적지를 갔다 오는 단순 반복적인 기관사의 운전은 학습기회가 그렇게 많이 일어나지 않는다. 학습은 향후 어떤 일이 발생할지 예상하기 어려울수록 발생할 가능성이 높다. 한편 기차 기관사와는 달리 택시 운전사의 운전여정은 거의 매순간 손님의 요구대로 가야 하기에 향후 어떤 목적지로 향하게 될지 예상하기 어렵다. 그만큼 학습측면에서 보면 보다 효과적인 학습이 발생할 가능성이 높다는 것이다.

박쥐 같은 책, 두꺼비 또는 개구리 같은 글쓰기
학습은 분야가 다른 경계를 넘나드는 과정이다

"수놈은 그 빨간 혀끝으로 암놈의 몸 구석구석을 애무하고 있었다. 그리고는 그 정성의 끝에 마침내 아무 저항 없이 늘어진 암컷의 몸을 양날개로 감싸 쥘 수 있었다. 놀랍게도 그 둘은 마주 본 자세로 황홀의 끝을 향해 달려가고 있었다. 가냘픈 다리로 나뭇가지 끝에 거꾸로 매달린 채, 피가 솟구칠 양, 땅을 향해 있는 그들의 머리만큼이나 현기증이 나는 순간이었다.
   ······

암컷은 거꾸로 매달린 채로 힘을 주기 시작했다. 지구 중력과 반대방향으로 무엇인가 이루어 낸다는 것은 무척 힘든 일이다. 그래도 그녀는 끈질기게 힘을 주고 있었다. 숨이 끊어질 것 같은 고통을 감내하면서.
   ······

안간힘을 주느라 몸에 밀착해 잔뜩 오그리고 있던 양 날개가 순간 크게 날갯짓을 했다. 핏덩이는 격발된 탄환처럼 자궁을 빠져 나왔다.

......

아, 그 날갯짓! 어미는 양 날개로 이제 막 태어난 새끼를 감싸며 잡아 안았다. 그녀가 전율하듯 마지막 출력을 보내며 날갯짓을 한 이유를 알았다."[1]

지금까지 길게 인용한 글은 '박쥐의 거꾸로 낳기'를 묘사한 부분이다. 저자는 박쥐를 통해 이것도 저것도 아닌 얼치기로 천대받는 세인들을 꼬집으면서 박쥐 고유의 세계, 자신들만의 세계를 칭호하고 있다. 나아가 박쥐 같은 책을 쓰고 싶다고 한다. 박쥐가 새끼를 만유인력과는 반대방향으로 힘을 주면서 낳듯이 단순히 시대적 트랜드를 쫓아가는 타협과 야합의 글쓰기가 아니라 대세를 어기는 용기와 지혜로 세상을 논하는 글쓰기를 하고 싶은 심정을 격변의 논조로 토로하고 있다. 독수리 대왕과 사자 제왕이 제멋대로 세상을 자기 편의주의적으로 나누어 놓고 자기 편이 아니면 적으로 규정하는 그런 세계와 경계를 넘나드는 박쥐와 같이 세태위를 민첩하게 날면서 진실을 관찰하고 그 성찰의 결과를 글로 표현하고 싶은 욕구를 표명하고 있다.

저자는 박쥐처럼 넘나들기에 익숙하지 못하기에 차선책으로 두꺼비나 개구리와 같이 물과 뭍 양쪽을 넘나드는 양서류의 책을 쓰는 자신의 능력의 한계를 솔직히 고백한다. 두꺼비나 개구리가 물과 뭍을 자유롭게 넘나들 듯이 단순히 분야를 넘나드는 그런 책이 아니라 방법론적 넘나들기를 구현하는 책을 쓰고 싶

1) 김용석(2000), 『문화적인 것과 인간적인 것』, 서울: 푸른 숲, pp. 1-2.

은 것이다. 최근 유행하는 가로지르기, 경계 넘나들기를 통해
전문가에게도 어필하면서 일반 대중에게도 쉽게 다가갈 수 있는
그런 글을 쓰고 싶은 것이다. 가로지르기에 익숙하기 이전에는
가로지르고 경계를 넘나들다가도 그 경계에 넘어지는 아픔과 고
통을 경험하게 된다. 그러면서 더욱 민첩하게 가진 자, 힘 있는
자들이 마음대로 갈라놓은 편과 경계를 넘나들기에 익숙해질 것
이다. 넘나들기 이전에 작고 보잘것없다고 생각되는 일상을 어
루만지고 비범함에 가려 숨겨진 평범함의 그늘 뒤안을 파헤치면
서 일반 대중에게 다가가서 말을 거는 그런 글의 필요성을 주장
하고 있는 것이다. 저자의 표현대로라면 이런 글쓰기는 '다가
감'과 '끌어당김'을 동시에 이루어 내기 위한 노력이라고 한다.
　넘나들기를 시도하는 사람들이 갖추어야 될 필수조건으로 저
자는 '코디네이트(Coordinate)'를 들고 있다. "코디없는 넘나들기
는 폭력적 혼란이고, 넘나들기 없는 코디는 별로 다룰 필요가
없다." 양서류적 글쓰기를 시도하는 사람들이 많아야 양서류적
독서를 즐기는 독자들이 많아질 것이다. 전문화의 바람을 타고
분야별로 갈라놓은 편과 경계의 골은 더욱 깊어지고 있다. 그래
서 전문성의 심화는 가능해졌지만 도무지 소통의 바람이 통과할
여력과 공간이 없어지고 있다. 요즘은 어차피 삶의 시간(時間),
공간(空間), 그리고 그 시공간(時空間)을 넘나들면서 살아가는 인
간(人間)도 모두 사이(間)에 존재하기에 사이와 사이를 넘나들면
서 삶 전체를 아우르는 노력이 더욱 필요하다.

분류에의 집착과 편가르기 유혹

학습은 편가르기의 유혹을 뿌리치는 과정이다

"더불어 사는 사회 편가르지 마세요"라는 화두를 통해 노자의 '도(道)'와 우리나라의 '도(道)'의 활용상의 차이점에서 편가르기 전통에 함몰되어 있는 우리들의 악습과 폐단을 꼬집는다. 지난 1년 동안 〈조선일보〉에서는 동심으로 보는 세상이라는 칼럼을 통해서 순수에서 멀어져 가는 어른들의 사회를 아직도 때묻지 않은 동심의 세계에 비추어 따끔하게 꼬집기도 하고 우회적으로 설득하면서 의미심장한 시사점을 던져 주었다.[1]

우리나라에는 경기도, 강원도, 제주도, 전라도, 경상도, 충청도와 같이 행정구역을 구분하기 위해 '도(道)'라는 말을 활용하지만 본래 노자가 언급한 '도(道)'는 무엇에도 의존하지 않고, 어디에도 속하지 않으며, 절대로 변하지 않는 것을 '도(道)'라고 칭했다. 행정구역상 지역을 구분하고 분류하기 위해서 '도(道)'

---

1) 〈조선일보〉, 2002. 8. 24. '최승호의 동심으로 보는 세상'에서 인용한 말이다.

를 만들었지만 이 '도(道)'가 심각한 지역감정과 지역할거주의
로 다가오면서 사람들은 심각한 고통을 앓아 왔다. 지역 연고주
의 폐쇄성을 여실히 보여 주면서 도(道)는 이제 쉽게 치유할 수
없을 정도로 사람들의 마음속에 각인되어 온 것이다. 어디에도
속하지 않았던 '도(道)'가 어딘가에 속하지 않으면 마음이 허전
하고 불안하도록 만들었고, 그래서 어딘가에 소속되어서 소속된
사람들끼리만 어울리고 마음의 담을 쳐서 다른 사람들이 접근해
도 쉽게 소통되지 않게 되었다. 분류하면 여러 가지 점에서 편
리하지만 편리함이 앗아가는 것도 편리함으로 얻을 수 있는 혜
택 못지않다.

  분류해서 특정 집단으로 분류되면 다른 같은 집단으로 분류되
지 못함으로써 상대방과의 입장의 차이, 철학의 차이, 가정의 차
이, 그래서 사고양식과 행동양식의 차이는 물론 삶의 전반에 대
한 확연한 차이를 불러일으킨다. '다름'이 '차이'로 둔갑해서 그
'차이'는 또 '우열의 차이'로 급강하되고, 어떤 분류 체계에 소
속되어 있는 것들이 다른 분류 체계에 들어 있는 것보다 상대적
으로 우위에 있게 된다.

  이런 분류하기에 집착해서 결과적으로 편가르기로 이어지면
아무 편에도 들어가지 못한 사람, 동물, 식물 등 많은 생물체가
소외의 아픔을 겪는다. 예를 들면, 박쥐는 사람들의 편의에 따
라 포유류로 분류되어 있지만 박쥐는 때로는 인간이 만들어 놓
은 인위적인 분류 체계와 편가르기 전략으로 인하여 다른 동물
과 쉽게 어울릴 수 없으며, 포유류가 보유하고 있는 본질적 속
성으로 인하여 포유류가 보여 주지 못하는 다른 속성을 보여 주
기라도 하면 포유류로부터 추방당하게 된다. 추방당한 포유류인

박쥐는 다른 분류 체계 속에 들어 있는 그래서 나름대로 편가르기 전략으로 자신들끼리만 어울리고 있는 기존 다른 집단으로부터도 환영받지 못하고 결과적으로 고립된다. 이쪽 분류 체계에서 저쪽 분류 체계로 자유롭게 옮겨가고 싶지만 이미 분류 체계별 속성과 판단기준에 따라 특정 분류 체계로 한정되어 있기에 여전히 한군데에 머무를 수밖에 없다.

어떤 분류 체계에도 들어가지 못하는 오리너구리도 박쥐와 같은 슬픔을 머금은 채 살아가고 있다. 어떤 분류 체계에도 소속되지 못하고 왕따당한 슬픔을 맛보고 있는 오리너구리의 삶의 애환을 이해할 수 있을까?

"분류가 주는 슬픔! 그런게 질서라면 너무 불공평해요. 자연은 모든게 섞여 있는 걸요. 그래도 다들 잘 살잖아요!"[2]

언제부터인가 인간은 자기편의주의적으로 사물과 생물을 분류하기 시작했고, 일정한 분류 체계에 따라 구획된 경계선을 중심으로 편가르기를 시작했다. 경계와 경계 사이는 넘나들 수 없는 더욱 두꺼운 심리적 벽과 물리적 방호벽으로 쌓이게 되었고, 그래서 경계를 넘나드는 가로지르기는 이제 불가능해지고 있다. 경계선을 중심으로 편이 갈라진 쌍방 간에는 질시와 반목, 그리고 비난으로 얼룩져 있어서 아픔의 골이 더욱 깊게 패이고 있다. 그래서 어떤 경계 영역권에도 속하지 않는 중도파적 입장은 언제부터 입장이 불분명하고 주관이 뚜렷하지 않은 기회주의자로 낙인찍히기도 한다.

---

2) 제랄드 스테르 글, 월리 글라조에르 그림(2002), 『그림 오리너구리 자리는 어디지?』, 서울: 물구나무 출판사.

　또한 어느 분류 체계에도 머물러 있지 않고 분류 체계를 넘나
드는 경계 넘나들기와 가로지르기를 시도하는 사람들에게는 특
정 분야에 집중적인 관심을 보여 주지 못하고 왔다갔다하는 뜨
내기 정도로 인식하는 성향도 있다. 나와 다른 분류 체계 속에
소속되어 있어서 나의 편이 아니라고 해서 그리고 특정한 입장
을 옹호해서 나의 주장을 펼칠 수도 있지만 그렇다고 해서 내가
선택하지 않은 또 다른 입장을 일방적으로 나의 판단 잣대와 기
준으로 평가절하시키는 생각과 행동을 일삼아서는 안 된다. 분
류와 편가르기로 특정 '편'의 자기 정체성과 독자성을 확보하는
움직임 그 자체는 바람직한 현상이지만 그런 노력의 결과로 다
른 '편'과 소통되지 못하고 대화가 오고가지 못하는 고립적 독
립성과 편파적 독자성 그리고 고정불변의 정체성으로 이어지는
폐단을 보여 주어서는 안 될 것이다.

망원경과 현미경으로 바라본 세상

학습은 망원경과 현미경을 바꿔 가면서 멀리 보기도 하고 가깝게 보기도 하는 과정이다

망원경과 현미경은 각각 다른 용도로 만들어졌다. 망원경은 멀리 있는 것을 보기 위해서 만들어졌고 현미경은 사물을 가까이서 자세히 보기 위해서 만들어졌다. 망원경은 먼발치서 사물이나 현상을 '내다보는' 데 필요한 도구인 반면에 현미경은 가까이서 사물이나 현상을 '살펴보는' 데 필요한 도구이다. '내다보는' 망원경과 '살펴보는' 현미경을 통해서 사물이나 현상에 접근하는 방식도 다르다. 망원경은 멀리서 보기 때문에 관심을 두고 있는 사물이나 현상들의 모습이 한꺼번에 보이며, 그들 간의 관계도 전체적인 조망권하에 볼 수 있지만, 현미경은 가까이서 이것 저것 주도면밀하게 살펴보기 때문에 관심을 두고 있는 특정한 영역권만 확대해서 볼 수 있다. 망원경은 사물 전체를 조망해 보는 데 유익한 도구인 반면 현미경은 사물 중의 특정한 부분만을 자세히 살펴보는 데 유익한 도구이다.

어떤 사람은 망원경의 눈으로 세상을 바라보고 자기가 망원경으로 본 세상이 정말 대단하고 훌륭하다고 생각한다. 반면 현미

경으로 세상을 바라보는 사람은 망원경으로 세상을 바라본 사람에게 마구 비난을 퍼부으면서 도대체 무엇을 보았는지 못마땅해한다. 먼발치서 사물의 모습을 대충 보는 망원경이 그 사물의 모습과 현상에 대해서 왈가왈부하는 것이 못마땅한 것이다. 한편 망원경은 현미경이 보았다고 하는 세상에 대해서 망원경의 눈으로 보았을 때 헛것을 보았다고 비난의 화살을 날린다. 극히 작은 부분을 미세하게 관찰한 결과를 놓고 마치 전체를 보았다고 주장하는 것이 마음에 들지 않는다는 것이다. 숲속의 나무, 나무의 잎사귀를 살펴보고 나서 나무가 어떤 형상을 띠고 있으며, 그런 나무가 살아가고 있는 숲은 어떤 모습을 띠고 있을 것이라고 추정해서 말하는 것이 망원경의 눈으로 보기에는 도무지 말이 안 된다는 것이다. 현미경은 이에 질세라 또다시 반박을 한다.

"망원경아! 네가 보았다는 숲이 정말 아름답다고 하는데 도대체 숲의 어떤 속성 때문에, 숲이 아름답다는 것인지 너는 왜 아무 말도 하지 않는 거니? 그냥 원거리에서 경치나 감상하는 것이 세상을 보는 방식이니? 때로는 아주 가까이 가서 자세하게 관찰하지 않고 그 사물을 보았다고 얘기하지 말거라, 망원경아."

여러분은 망원경으로 세상을 바라보는가? 현미경으로 세상을 바라보는가? 아니면 망원경과 현미경을 다 갖고 다니면서 필요할 때 적절한 렌즈로 갈아 끼워 보는가? 물론 세상을 살아가는 데에는 망원경의 눈과 현미경의 눈이 동시에 요구된다. 문제는 망원경의 눈이 현미경의 눈에 비해서 상대적으로 모든 면에서 강점을 갖고 있다고 주장하거나 현미경의 눈이 더 낫다고 주장하는 것에 있다. 망원경으로 특정 사물의 전체 모습과 형상, 전

체를 꿰뚫어 통찰하는 구조와 패턴을 보는 안목도 필요하고 현
미경으로 관찰하는 사물과 현상들의 미세한 움직임과 이들이 만
들어 나가는 역동적인 상호작용을 조목조목 따져 보는 안목도
필요하다. 일상을 살아가는 보통 사람들은 물론 전문 분야를 연
구하는 사람들에게 요구되는 바람직한 안목은 우선 망원경의 눈
으로 숲 전체를 꿰뚫어 통찰하는 혜안이 필요하고 다음으로 현
미경의 눈으로 숲 속에서 살아가는 나무와 곤충들의 작은 몸짓
을 놓치지 않고 간파해 내는 꼼꼼한 세목(細目)이 필요하다.

망원경의 눈을 상실한 현미경의 눈만으로 세상을 바라보는 안
목은 미세한 부분에 집착한 나머지 큰 그림을 읽는 것에 한계를
느낄 수 있다. 반면 현미경의 눈을 상실한 망원경의 눈만으로
세상을 바라보는 안목은 구체적인 삶의 현장에서 생생하게 살아
숨쉬는 삶의 단편들(slice of life)을 간과하거나 무시함으로써 각
론없는 총론 중심의 삶이 이루어질 가능성이 있다.

미시적인 눈을 상실한 거시적인 눈과 거시적인 눈을 상실한
미시적인 눈은 모두 온전하지 못한 눈이기에 치료를 필요로 한
다. 지금 나는 어떤 눈을 갖고 있는가? 눈앞에 보인 단편적인 현
상들에 너무 집착한 나머지 큰 그림을 보지 못하는 눈을 갖고
있는가? 아니면 너무 큰 그림을 거시적으로 보는 나머지 구체적
인 현상이나 부분들을 간과하고 있지는 않은가?

지식 비움, 나눔, 그리고 섬김

학습은 지식을 비우고 나누며 섬기는 과정이다

" '**살**다' 란 말은 생명의 에너지를 불살라 가는 과정을 담고 있다는 말이라고 해석한다. 사람은 하늘과 땅 사이에 있는 생명체 중에 바로 이러한 불사름, 즉 사름을 알기에, 그러한 삶을 알면서 살림살이를 사는 '삶 앎' 이기에 '사람' 이다."[1]

살아감, 삶 속에서 무엇인가를 알기 위해 부단히도 노력한다. 의식적이든 무의식적이든 알고자 하는 욕망은 삶의 특정 시기별로 차이가 있지만 전 생애를 통해서 계속된다. 산다는 것을 무엇인가를 불살라 가는 과정으로 해석하는 관점이 흥미롭다. 불사르기 위해서는 무엇을, 언제 불살라야 할 것인지에 대한 의사결정이 필요하며, 그러한 의사결정과정에는 용기와 결단이 필요

---

1) 이기상(1999), 「탈중심시대에서의 중심잡기」, 『이 땅에서 철학하기』, 우리사상연구소 논총 제2집, pp. 37-38의 글을 인용한 강영안(2002), 「근대, 이성, 주체를 중심으로 살펴본 현대 한국 철학사」, 『우리에게 철학은 무엇인가?』, 서울: 궁리.

하다. 왜냐하면 불사르는 행위는 갖고 있는 것을 버리는 행위이기에 무엇을 버릴 것이며, 왜, 지금, 이 시점에서 버려야 하는지에 대한 자기 자신과의 소통을 통한 가치판단이 필요한 과정이기 때문이다. 불살라 버리는 행위는 단순히 갖고 있는 것을 제거하기 위한 행위가 아니라 불사르는 행위를 통해서 불사르기 이전에는 할 수 없었던 야망과 열정을 달성하는 과정이기도 하다. 따라서 불살라 버리는 행위는 버림을 통한 비움의 과정인 동시에 연소시키는 과정에서 꿈과 야망과 열정을 북돋우는 새로운 차원의 채움의 과정이기도 하다.

"산다는 것은 자신을 사르고 없애고 '비움'으로 우주적 생명의 얼에 동참하는 것으로, 자신을 갈라 우주적 생명을 살리는 것이다. 이렇게 자신을 갈라 '나눔'과 '섬김'이 또 다른 살림살이의 원칙이다. '나눔'은 우주적 생명의 존재방식이다. '섬김'은 살아있는 것을 그것이 지닌 우주적 영성, 신령한 생명력을 고려해 모시는 것이며, 그것이 살아있는 대로 서서 자신의 고유함을 유지하며 우주 생명의 생성과정에 자신의 몫을 할 수 있도록 거리를 두고 받들어 모시는 것을 말한다."[2] 사는 활동을 '비움', '나눔', '섬김'으로 요약하고 있다. 참으로 놀라운 통찰력이 아닐 수 없다. '비움'보다는 '채움'을, '나눔'보다는 '독점'을, '섬김'보다는 '무시' 또는 '무관심'과 '비하'로 일관되는 살아감의 일상이 귓전을 때리고 눈앞을 아른거리게 한다. 어찌보면 지금 우리가 겪고 있는 수많은 문제의 근원은 버리지 않고

---

2) 강영안(2002), p. 152.

비우지 않으며 나누지 않기 때문에 발생한 것이라고 해도 과언
은 아닐 것이며, 섬김의 대상을 찾지 못해서 또는 섬기는 미덕
을 배우지 못했기 때문에 무시와 반목(反目), 비하와 무관심 등
으로 맺어진 관계의 문제가 사람 사이를 더욱 소원하게 하는 장
본인이 아닐까? 나의 자세와 태도 그리고 생각의 문제일 수도
있지만 나와 다른 사람과의 관계 속에서 벌어지는 소통의 문제,
연대의 문제가 더욱 심각한 문제의 근원을 제공해 주고 있다.
따라서 해결대안의 실마리도 개개인의 마인드나 능력부족에서
찾을 것이 아니라 사람 사이에서 이루어지고 있는 관계의 본질
개선에서 찾아야 되지 않을까?

　특히 비움의 문제는 물질만능 풍조와 한탕주의, 경제적 환전
가치와 기능적 효율 지상주의가 판을 치는 와중에 우리 사회 구
석구석에 만연되고 있는 채움과 소유와 비교해 볼 때 더욱 강조
되어야 할 덕목이자 행동규범이라고 볼 수 있다. 비움은 버림을
통해서 이루어진다. 비우려면 버려야 하는데 버리지 않고 계속
소유해서 자기 욕심만 채우려고 하기 때문에, 그리고 채운 것을
더 좋은 것으로 다시, 계속 채워야 하기 때문에 악순환이 반복
된다.

　신영복 교수가 감옥생활을 통해서 깨달은 바 중에 채움과 비
움을 적나라하게 보여 주는 재미있는 사례를 소개한다. 흔히 죄
수들은 감옥을 옮겨 다니는데, 새로 갓 들어온 죄수와 오래된
고참 죄수가 감옥을 옮길 때 짐을 챙기는 경우를 생각해 보자.
둘 중에서 누구의 짐이 더 많을 것으로 예상되는가? 오래된 죄
수일수록 짐이 많을 것이라는 우리의 예상과는 달리 새로 갓 들
어온 신참내기 죄수는 짐이 너무 많아 남의 짐을 들어줄 여유,

여백, 생각조차 없었다. 반면 백발이 허연 할아버지 고참 죄수
는 짐을 다 버리고 자신에게 필요한 물건만 챙기게 되었다.

"이봐, 젊은이 내가 짐을 들어 줄까?"

자기 짐 챙기기에 바쁜 새파랗게 젊은 죄수는 백발이 허연 할
아버지 죄수의 이런 요청을 듣고 과연 무슨 생각을 했을까?

나뭇가지에 새 잎이 돋아나기 위해서는 나뭇가지는 자기 몸에
매달려 있는 이전의 나뭇잎을 과감하게 버려야 한다. 그렇지 않
으면 새 잎이 돋아날 수 없다. 지식도 오래된 지식은 버려야 새
로운 지식이 들어갈 빈 자리가 생기는 법이다. 나뭇가지에 나뭇
잎이 언제나 빼곡하게 들어 차 있으면 시원하고 맑은 바람이 지
나갈 여백과 여유가 없는 것처럼 오래된 지식으로 빽빽하게 들
어 차 있는 머릿속도 마찬가지다. 새로운 안목과 식견을 줄 수
있는 다른 지식이 들어갈 여백과 여유가 필요한 것이다.

그러므로 지식에도 빈 자리를 끊임없이 만들어 주어야 한다.
지식의 빈 자리는 지식을 보유하고 있는 사람이 의도적으로 만
들어 주어야 한다. 지식의 빈 자리를 만들기 위해 기존에 보유
하고 있는 지식을 현실적 유용성과 내재적 가치에 비추어 과감
하게 폐기 처분해야 한다.

지식의 빈 자리는 기존 지식을 폐기 처분하는 과정에서 생길
수도 있지만 내가 보유하고 있는 지식을 남과 나누는 과정에서
도 생길 수 있다. 지식을 버린다는 것은 다른 지식을 받아들일
수 있는 정신적 여백과 여유와 틈이 생긴다는 것이다. 여기에
다른 생각과 식견을 갖고 있는 다른 지식이 스며들면 기존의 사
물인식 방식과는 전혀 다른 새로운 시각을 제공해 줄 수 있을
것이다. 고정관념과 관례, 관행, 전통이 새로운 지식이 들어오는

길을 차단하고 방해하는 원흉이자 장본인이기에 이들을 과감하게 버리거나 현대적 요구와 감각에 맞게 전면 재구성하는 방식을 따라야 할 것이다.

조각배 하나로 큰 바다를 건너려면 꼭 필요한 장비 이외의 물건은 다 내려야 한다. 실어서 바다를 건너는 것이 아니라 싣지 않아서 바다를 건널 수 있는 것이다.[3]

버려야 큰 바다를 건널 수 있듯이 버림과 비움은 생존을 위한 조건으로 작용하기도 한다. 지식나눔의 과정은 지식비움의 중요한 해결방안으로 자리매김할 수 있을 것이다. 내가 갖고 있는 지식을 남에게 나누어 준다는 것은 어떤 조건을 요구하고 대가를 바라는 것이 아니다. 지식나눔은 지식을 매개로 밥을 먹고사는 사람들의 가장 기본적인 권리이자 의무라고 생각한다. 지식나눔은 소극적으로는 지식비움 활동이며, 적극적으로는 지식을 통한 성장과 성숙을 꾀하는 활동이다. 나의 지식을 상대방과 나누지 않기 때문에, 그리고 나눌 지식이 없다고 단언해 버리는 생각의 짧음이 지식나눔을 방해하는 가장 중요한 마음의 적이 아닐까? 지식나눔이 제대로 일어나지 않고 지식 독점 현상이 심화될수록 지식나눔 현상이 부각된다.

나눔을 통한 상호성장이 나뉨으로 무너지면서 보이지 않는 가운데 시기와 질시, 비난과 야유가 소통되고 지식이 넘나드는 벽이 점점 높아지면서 지식흐름의 병목현상은 더욱 심화된다.

이제 지식은 나눔의 과정을 통해서 개인적인 의미와 가치를

---

3) 김명렬(2001), 『길 위에서 버린 생각』, 서울: 매일경제신문사.

지니고 나아가 문화적 기반을 구축하는 데 필요한 원천이 아니라 자기영역을 타영역과 구획 지어서 방어벽을 쌓는 '벽돌'의 의미를 갖게 된다.

어느 순간 배우고 익힌 지식이 일상적 삶의 다른 영역을 다르게 바라보고 그래서 이전에는 보지 못했던 문제영역이나 새로운 영역을 볼 수 있게 하는 안목을 갖게 됨으로써 그런 안목을 함께 나누는 '비판의 빵'의 역할을 하게 되는 것이다. 그러나 서로 함께 나누어 가질 수 있는 '비판의 빵'은 지식이 분절화·파편화·세분화됨으로써 점점 영양소는 파괴되어 가고 영역 간 경계를 짓고 담을 쌓아서 다른 지식영역 간을 넘나들 수 없을 정도로 두껍고 높은 벽을 그럼에도 불구하고 뚫고 다닐 수 있는 '비난의 화살'의 역할을 한다.

다듬어진 '비난의 화살'은 오로지 내 화살을 통해서 뚫고 지나가 아픈 상처와 흔적을 남길 지식영역을 찾는 데 골몰하고 있지 분야가 다른 지식영역을 관통하면서 막힌 구멍을 뚫어 주고 쌓였던 소통의 난점을 해결하는 데에는 눈을 감고 있다. 지식 '나뉨' 현상은 지금의 학문적 풍토와 추구하는 방향에 비추어 볼 때 더욱 심화될 전망이다.

앞으로 공부하는 사람들에게 더욱 중요한 의미로 다가오는 것은 지식을 비우기 위한 지식 '나눔'의 과정이 나와 다른 관점을 갖고 있는 사람들에게 나의 지식을 매개로 다르게 생각할 수 있는 원료를 제공해 주는 과정에 적극적으로 동참하도록 도와 주고, 더 나아가 나와는 얼마든지 다른 생각을 갖고 있는 사람들 간에 상대방의 지식내용과 그 내용의 시사점으로부터 도출된 남의 지식, 남의 생각, 나와 다른 가치 있는 아이디어 등을 섬기는

과정이 동반되어야 한다. 다른 사람의 지식 또는 나의 관심분야
와 다른 지식영역을 섬긴다는 것은 그 자체가 나의 지식으로부
터 볼 수 없고 들을 수 없는 새로운 의미와 가치를 생각해 볼
수 있는 계기를 제공해 준다는 데 의미가 있다. 그래서 그 지식
이 탄생한 상황적 맥락과 배경, 사회·역사적 안목을 통해서 또
다른 지식영역과 자유롭게 소통할 수 있는 물꼬를 틀 수 있다.

  오늘날 우리가 겪고 있는 심각한 학문적 탐구과정의 문제점
중의 하나는 소통의 물꼬가 거의 막혀가고 있다는 것이며, 그런
물꼬의 존재이유나 가치조차도 느끼지 못하고 있다는 점이다.
나와는 다르다는 이유로 일단 배척할 것이 아니라 나와 다르기
때문에 어떤 점에서 다르며, 그런 다른 점을 섬기는 마음으로
받아들일 때 지식나눔의 과정은 더욱 촉진될 것이다. 지식나눔
의 과정이 촉진된다면 지식비움 또는 지식버림의 과정도 촉진될
것이며, 결과적으로 새로운 지식을 더욱 의미있게 받아들이는
과정으로 연결될 것이다.

118

깨달음과 닦음
학습은 무릎을 치면서 무엇인가를 깨닫고 이를 닦아
나가는 과정이다

"**깨**달음(悟)과 닦음(修)은 독립된 체험이나 현상이 아니라 상
호 보완한다. 닦음 없이는 깨달음을 얻을 수 없고, 깨달음에 의
해 닦음은 더욱 심화될 수 있다."[1]

　깨달음은 전적으로 개인적인 체험이며 닦음은 개인과 개인을
둘러싸고 있는 관계들과의 교감의 과정을 통해서 이루어지는 나
누어 가짐의 과정이다. 개인적 깨달음에 몰두한 나머지 나누어
갖는 닦음의 과정에 소홀하다면 그런 깨달음은 개인적 안위에
그칠 뿐이다. 진정한 깨달음의 과정은 다른 사람과의 나누어 가
짐의 과정을 통해서 완성된다. 닦음의 과정은 현란한 말에 현혹
되어 끌려가는 과정이 아니라 자신이 처한 현실 속에서 무엇이
참이고 정당한 것인지를 몸소 겪으면서 스스로 인식하고 판단하
고 그 판단결과에 따라 후속적인 실천을 해나간다는 점에서 익

---

1) 법정(2001), 『버리고 떠나기』, 서울: 샘터, p. 94.

힘의 과정과 일맥상통한다.

"깨달음과 닦음에 대해서 누가 무슨 말을 하고 어떤 주장을 했느냐에 대해서, 나는 별로 관심이 없다. 그보다는 순간순간의 내 삶 안에서 그 깨달음과 닦음을 어떻게 받아들이고 체험하고 몸소 실천하느냐에 마음을 기울이고 싶다. 특수한 시대적인 배경과 문화적인 상황 아래서 그와 같은 형식으로 표현된 말의 덫에서 벗어나, 오늘의 우리들 삶 앞에 충실하고 진실해지고 싶을 뿐이다."[2]

우리는 항상 누구는 이런 말을 했고 다른 사람은 저렇게 말을 했는데 그래서 이런 사람들의 이야기를 종합해 보면 결국 이런 말이 될 것이다라는 주장아닌 주장을 공허하게 전개하는 경우가 많다. 내가 실천하는 과정에서 보고 느끼고 깨달았으며, 닦은 결과 이런 점에서 주목할 점이라고 주장하는 것보다는 남의 주장과 주장을 교묘하게 늘어놓고 연결시키면서 정작 중요한 자신의 입장은 거의 밝히지 않는 인용과 짜깁기의 글쓰기에 너무 익숙해 왔다. 이러한 인용없는 주장은 결국 독단적이며, 근거가 없다는 이유로 배척당하기 일쑤다.

따라서 우리 현실 속에서 내가 경험한 바를 나의 관점으로 엮어 내는 나의 글쓰기 방식은 소설책에서나 찾아볼 수 있는 판국으로 전락했다. 즉, 인용의 마술을 누가 교묘하게 잘 펼쳐 나가느냐가 글 잘 쓰는 것으로 인정되는 학계의 현실에서 우리는 남의 글 짜깁기를 통한 공허한 관념적 깨달음의 과정만 반복시킬

---

2) 앞의 글, p. 96.

뿐 구체적인 현실을 매개로 닦음의 과정을 통해서 스스로의 지식으로 만들어 나가는 과정에는 이제 눈이 너무 멀어 있다.

깨달음과 닦음의 과정과 배움과 익힘의 과정을 연결시켜서 생각하면 의미있는 시사점을 얻을 수 있다. 배움이 개인적인 차원에서 이루어지는 과정이라면 익힘의 과정은 나와 관계되는 사람, 환경, 제도, 문화, 시스템 등과 상호작용하면서 몸소 실천하는 가운데 익힌 사실적 지식의 진위여부를 직접 실험하고 판단하는 과정이다. 물론 같이 배우는 집단적 배움의 과정도 존재할 수 있지만 기본적으로 배움의 근본은 일정기간 자기 혼자 배움의 대상과 맞닥뜨려서 고민하는 과정이 필수적이다.

배움이 단순한 개인적 지식축적이나 관념적 사고논리의 성장에 멈추지 않고 사회적 실천을 통한 현실변혁의 과정에 도움을 제공하기 위해서는, 배우는 과정이 진행되고 있는 상황적 맥락 속에서 실천하고 판단하며 결정하고 성찰하는 일련의 과정과 맥을 이어 나가는 것이 필요하다. 즉, 깨달음을 통한 배움의 과정이 닦음을 통한 익힘의 과정과 연결되어 선순환적 사이클을 형성할 때 깨달음과 닦음, 배움과 익힘은 더 이상 독립적인 별개의 활동이 아니라 서로 맞물려서 돌아가는 하나의 일체적 활동이 될 수 있다.

익힘이 없이 계속되는 배움의 과정은 깨달음 없는 반복적인 닦음만의 과정으로 무모할 수 있으며, 머리로만 아는 절름발이 지식을 추상화시켜 현실과 동떨어진 관념만을 대량 양산할 수 있다.

"살아 있는 행(行)은 없이 형해화(形骸化)되고 관념화되어 가는 한국 불교계 일각에서는, 어떻게 깨닫고 어떻게 닦는 것이 바른 법인가 만을 시끄럽게 떠들어 왔지, 정작 무엇을 깨닫고 무엇을 닦을 것인지에 대해서는 소홀히 여겨 왔다."[3] 이 말을 그대로 다음과 같이 바꾸어도 크게 의미는 달라지지 않고 그 맥락적 의미가 온전히 다가온다. "살아 있는 행(行)은 없이 형해화(形骸化)되고 관념화되어 가는 한국학계 일각에서는, 어떻게 깨닫고 어떻게 닦는 것이 바른 법인가 만을 시끄럽게 떠들어 왔지, 정작 무엇을 깨닫고 무엇을 닦을 것인지에 대해서는 소홀히 여겨 왔다." 학계라는 말 대신에 오늘날 더욱 세분화되고 있는 분과 학문분야로 대체해도 의미상 크게 달라지지 않을 것이다.

이론적 실천 또는 실천적 이론을 지향하는 학문적 실천에서 '행함', '닦음', '익힘' 없이 '논함', '깨달음', '배움' 만의 활동으로 일관하면서 논하고 깨닫고, 배운 결과로 행하고, 닦고, 익히는 세계에 대해서 무엇인가를 끊임없이 주장해 오지 않았는지를 다시금 생각해 볼 일이다.

글을 마치려는 순간 법정스님의 다음 말이 귓전을 때린다. "올바른 진리는 인간의 삶으로 이어지고 진리를 가장한 거짓은 인간의 삶을 소홀히 한다."[4]

지금까지 우리가 발견했거나 창조했다고 하는 지식의 정체들이 그 지식을 만들어 낸 삶의 현장에 다시 되돌려져서 인간적 삶을 누리고 발전시키는 데 얼마나 기여했는가를 물어보면 우선 가슴이 답답해 오는 것은 무슨 연유에서일까? 실험과 관찰 그리고 설명과 이해를 통해서 발견했다고 생각하는 진리가 현실 속

---

3) 앞의 글, p. 98.
4) 위의 글, p. 101.

의 구체적 삶의 일면을 담아 내지 못하고 오히려 현실을 포장하고 가장해서 추상화시킨 관념적 담론과 진리를 가장한 거짓은 아니었는지, 오히려 그런 진리를 가장한 거짓 언어와 말을 생산해 내는 과정에 나 역시 혁혁한 공헌을 하고 있는 것은 아닌지 가슴에 손을 얹고 생각해 본다.

현실과 동떨어진 실험실 속에서 일상적 삶을 설명하고 이해한다는 명분 아래 자신이 관심을 두고 있는 특정 변수에 골몰한 나머지 나의 관심권 밖에서 통제와 조정대상에서 이탈된 수많은 다른 변수들의 아우성에 눈을 감고 있는 것은 아닌지 또는 그런 아우성이 실험에 방해가 된다는 이유로 더욱 철저하게 그런 소리를 지르지 못하도록 입을 막는 정교한 장치를 고안하는 데 몰두하여 내가 발을 딛고 서 있는 지식창출의 원천지가 이미 피폐해지고 있는지도 모르고 있는 것은 아닌지 정말 가슴에 손을 얹고 고뇌해 볼 일이다.

유술(柔術)과 유도(柔道)의 차이점

학습은 유연한 갈대처럼 외부적인 변화에 자신을 굽히는
방법을 습득해 나가는 과정이다

"어린 시절 나는 유명한 스승들로부터 유술을 배웠습니다.
내 스승들은 오랫동안 부지런히 연구하고 경험한 끝에 많은 지
식을 얻게 되었으며, 그 지식은 내게 소중한 영향을 미쳤지요.
그러나 당시에는 유술의 여러 가지 기술을 보여 주는 데만 치중
했을 뿐 그 이면에 가려진 지도원리를 발견한 사람은 아무도 없
었습니다. 나는 유술에 숨겨진 원리, 즉 상대를 가격하거나 업
어칠 때 적용되는 원리에 대해 탐구하기 시작했고, 면밀한 연구
끝에 정신적, 신체적 에너지의 효율을 극대화하는 유술의 원리
를 깨닫게 되었습니다. 그리고 이 원리에 근거하여 그 동안 배
운 공격술과 방어술을 재검토한 후, 원리에 부합하는 부분만 따
로 추려 냈습니다. 이렇게 얻어진 결과물에 대해, 나는 유술과
구별하여 유도란 이름을 붙였습니다."[1]

---

1) 김광수(옮김)(2002), 『유도전략』, 서울: 모라비안바젤, p. 30.

유술은 상황에 따라서 상대를 제압하기 위해 쓰는 기법과 기교의 총체 즉, 기술을 의미하지만 유도는 기술의 이면에서 기술적 적용과정을 통제하고 조정하는 일종의 메타기술이라고 볼 수 있다. 따라서 유도는 유술을 자기 내면화, 체화시켜 기술로써는 설명할 수 없는 득도의 경지에 이른 무림지존이 발휘하는 상황 대응적 기술구사라고 볼 수 있다. 하수가 아무리 고수의 기술을 그대로 다 전수받았다고 할지라도 그 하수가 고수의 경지에 이르지 못하는 근본적인 원인은 바로 고수가 보유하고 있는 유도 때문이 아닐까?

우리 주변에는 기술이 뛰어나지만 뛰어난 기술을 상황적 변화에 적절하게 대응하여 효과적으로 구사하지 못함으로써 자신의 기술을 충분히 발휘하지 못하는 것은 물론 경기에서 늘 불운을 맛보는 사람들을 목격할 수 있다. 뛰어난 기술을 보유하고 있음에도 불구하고 여전히 상대방을 제압하지 못하는 이유를 유술과 유도의 차이점으로 설명할 수 있지 않을까? 개별적 기술을 독립적으로 적용하는 데에는 탁월한 능력을 발휘하지만 개별적 기술만으로는 주어진 상황을 탈출하거나 상대방을 제압하기에 역부족인 상황이 얼마든지 존재한다. 이런 상황이 발생할 경우 두세 가지 복합기술을 순차적으로 활용하거나 순간적으로 기술적 적용의 과정을 통합해서 적용해야 하는 상황에서는 기술적 기교의 이면에 흐르는 원리 간의 통합이 필요하다.

흔히 유도에서 이기기 위해서는 세 가지 능력이 필요하다고 한다. 첫째는 동작(움직임)으로 상대방의 균형을 무너뜨려 자세를 불리하게 만드는 능력이다. 두 번째는 상대방의 공격에 대해 균형을 유지하는 능력이다. 세 번째는 '지렛대'의 원리를 이용하여 힘의 효율을 극대화하는 능력이다. 이 세 가지 능력에 비추어 보면 상대방을 제압하기 위해서는 끊임없이 움직여서 상대방의 균형을 깨뜨리고 불리한 상황에 처하게 만든 다음 상대방의 힘이나 유리한 고지를 역이용하는 지렛대의 원리를 활용하는 다양한 방략을 구사할 수 있어야 한다. 물론 공격하는 과정에서 일어나는 상대방의 역습과 역공을 퇴치시키면서 자기 스스로 균형감각을 잃지 않는 것도 중요한 전략과 전술이다.

유도에서 가장 고전적이고 기본적인 경쟁원리는 "당기면 밀고, 밀면 당겨라!"라는 원리이다. 상대방의 힘이 가중되는 방향으로 즉, 힘이 가해지는 방향과 동일한 방향으로 힘을 이용하는 원리이다. 그렇지 않고 당기면 같이 당기고 밀면 되밀 경우 힘의 낭비는 물론이거니와 경쟁에서 이기기 어려운 국면으로 빠져들 가능성이 높다. 어느 전략이 경쟁상대를 이길 수 있는 전략인지 평소에 나는 나 자신과의 경쟁은 물론 상대방과의 경쟁에서 어떤 전략을 주로 활용하는지를 곰곰이 생각해 볼 필요가 있다.

여러분은 폭풍우에 뿌리째 뽑혀 강물에 휩쓸려 내려가는 참나무가 될 것인가 아니면, 바람이 부는 대로 몸을 숙여서 폭풍우를 이겨내는 갈대가 될 것인가? 유술이 아니라 유도전략을 구사하는 고수의 입장에서는 강한 참나무가 되기보다는 유연한 갈대가 되는 길을 택할 것이다. 이솝우화에는 이 두 식물의 환경 대응방식을 다음과 같이 정리하고 있다. "부러지기보다는 구부리는 게 낫다."

지식홍수와 지식가뭄

학습은 지식나무를 심어서 숲을 가꾸는 과정이다

지식홍수는 지식이 폭증하는 현상이며, 지식가뭄은 지식을 필요로 하는 사람에 비해 지식을 보유하고 있는 사람이 적어서 일어나는 지식갈증 현상이다. 지식홍수와 지식가뭄에 대비하는 방법에는 다음 두 가지 방법이 있다. 우선 지식 댐을 건설하는 방법을 들 수 있다. 지식 댐을 건설하겠다는 발상은 지식 댐 속에 지식을 저장했다가 지식 가뭄기에 지식수위를 조절해 가면서 지식을 필요로 하는 사람에게 배분하겠다는 의지의 표현이다. 또한 지식이 갑자기 폭증할 경우 폭증하는 지식의 일부를 지식 댐에 가두어 놓았다가 극심한 지식가뭄기에 활용하겠다는 생각을 담고 있다.

지식 댐을 건설하여 지식가뭄과 지식홍수에 대비하겠다는 생각은 모두 지식을 물건 또는 고정자산(stock)처럼 생각해서 지식 소유자와 분리해서 일정한 장소에 보관했다가 꺼내 쓰겠다는 발상이 내재되어 있다. 즉, 지식 소유자가 보유하고 있는 지식을 지식 소유자로부터 분리시켜 지식 소유자의 의지와 무관하게 독립적으로 전파하고 보급할 수 있다는 가정을 갖고 있다.

지식 댐을 건설, 지식량을 조절하겠다는 주장의 이면을 보면 지식은 지식창출 주체의 의지에 따라 창조되고 그 창조과정을 통제할 수 있는 성질의 것이 아니라 완전히 인간의 통제권역을 벗어나 자연의 섭리에 맡길 수밖에 없다. 언제, 어느 정도의 지식이 창조될 수 있는지 전혀 예측하기 어려운 상황에서 인간이 할 수 있는 유일한 일은 지식 댐이 허용하는 한도와 범위에 따라 창출되는 지식을 지식 댐에 가능하면 많이 저장하고 지식량을 유지하고 관리하는 일이다. 결국 지식 댐의 주요 기능과 역할은 지식창조에 있지 않고 효과적인 지식관리와 유지전략을 활용하여 지식을 필요로 하는 사람에게 가능하면 많이 나누어 주는 과정에 있음을 알 수 있다.

지식 댐이라는 말도 지식창조보다는 흘러 다니는 지식을 포착, 일정기간 보관·유지했다가 지식가뭄 현상이 발생하면 지식을 방류시켜 지식갈증 현상을 해소하고 지식홍수가 발생하면 이를 댐의 지식저장 한도 내에서 적정하게 지식을 가두어 둠으로써 하류지역의 지식범람 현상을 막아 보겠다는 발상이다.

지식 댐 건설과는 다른 방법으로 지식나무를 심는 방법을 들 수 있다. 이 방법은 지식 댐의 지식관과는 다른 지식관을 갖고 있다. 지식나무를 심는 접근방법에서 지식은 객관적 실체 또는 유형의 고정자산이 아니라 주관적 구성체 또는 끊임없이 흐르는 무형의 유동자산이다. 따라서 아무리 훌륭한 지식 댐을 건설하여도 지식은 끊임없이 흐르는 유동자산이기에 한곳에 오래 머물러 있으면 오히려 지식가치가 현격하게 떨어진다고 생각한다.

지식은 그래서 끊임없이 흘러다녀야 한다고 생각한다. 또한 지식은 본래 끈적끈적(sticky)하고 불가시적(lntangible)이며 어떠한 통제수단을 동원해도 샐(leaky) 수밖에 없기 때문에 지식 댐을 건설해서 지식을 그대로 보존하겠다는 발상은 잘못된 생각이라 볼 수 있다. 이러한 현상은 댐에 축적되어 있는 물이 땅속으로 스며든다든지, 태양열로 인하여 증발된다든지 등과 같은 현상으로 인하여 본래 물의 양과는 비교가 안 될 정도로 시간이 지나면서 격감되는 현상과 마찬가지 현상이 지식에도 적용될 수 있다. 지식은 더욱이 지식을 소유하고 있는 사람과 분리해서 생각할 수 없다. 지식은 지식을 소유하고 있는 사람과 반드시 함께 결부될 수밖에 없기에 지식을 지식 소유자로부터 분리·독립시켜 어느 일정한 장소에 보관해서 필요시에 꺼내 활용하겠다는 발상은 원칙적으로 옳지 못한 생각이라고 간주한다.

지식나무를 심어서 지식홍수와 지식가뭄에 대비하겠다는 생각은 지식을 어떻게 하면 끊임없이 흐르게 할 것인지에 많은 관심이 놓여 있다. 지식이 지식나무 사이를 흐르는 동안 어떤 지식은 지식나무에 의해 흡수될 것이고 또 다른 지식은 지식나무와 지식나무 사이를 오가는 도중에 또 다른 생물체나 기타 무기물질에 의해 포착, 그들의 성장발전에 필요한 원동력으로 활용되기도 할 것이다.

이런 과정을 거치는 동안 지식홍수는 자연스럽게 지식나무를 비롯한 지식소비주체들에 의해 조절될 것이다. 지식소비주체들은 흘러 다니는 지식을 흡수하여 자신의 성장·발전에 일면 활용하기도 하지만 지식을 소비하면서 동시에 새로운 지식을 창출하여 지식 숲이 번창할 수 있도록 헌신적으로 기여하기도 한다.

지식 생태학은 지식창조보다 정확하게 지식공유를 위한 기술적 통제와 조정으로 지식나무는 점점 기력을 상실하고 있으며 지식나무들이 메말라 가는 지식 숲이 파괴되고 있는 위기현상에 대응하여 지식 숲을 복원시키려는 생태학적 노력의 일환이다. 울창한 지식 숲이 조성되면 지식홍수나 지식갈증이 발생해도 지식나무는 아무런 어려움과 곤궁에 처하지 않고 조성된 지식 숲 덕분에 무럭무럭 자랄 것이다. 지식 숲의 조직 속에 있는 지식나무 구성원들이 어떻게 하면 풍성한 지식열매를 맺을 수 있게 할 것인지가 지식 생태학의 최대 관심이다.

프로젝트(Project), 과정(Process), 그리고 연습(Practices)

학습은 연습(Practices)을 통해 나의 것으로 체화시키는 과정이다

태스크(task)와는 다르게 프로젝트(project)는 언제 어떤 상황이 벌어질지 예측하기 어려운 경우가 많다. 고객의 요구가 수시로 바뀌고 프로젝트를 하는 와중에도 주변 환경은 시시각각 바뀌어서 본래 프로젝트가 처음 시작할 때의 상황과는 판이하게 다른 상황 속에서 전혀 다른 가정에 근거해서 전혀 다른 접근을 시도할 수밖에 없는 경우도 부지기수다.

또한 프로젝트를 추진하는 구성원들 간에 불협화음이 일어나기 시작하고 팀워크가 깨지면서 프로젝트 추진과정과 결과에 대해 별다른 관심과 열정을 보여 주지 않고 오로지 프로젝트가 끝날 때만을 기다리는 무기력한 증세를 보여 주기도 한다. 또한 프로젝트를 시작할 때 가졌던 프로젝트 결과물에 대한 이미지 메이킹이 흐려지면서 도대체 이런 프로젝트를 왜 어떤 목적으로 하는지에 대한 근본적인 혼동과 혼선이 일어나 더욱 무기력한 증세를 보여 주기도 한다. 특히 프로젝트를 통해서 달성하고자 하는 비전이 흔들리고 프로젝트 과정에 참여하는 열정과 몰입도

가 현격하게 떨어지면서 성과를 내는 프로젝트라기보다는 오히려 하지 않는 것이 더 좋은 그런 프로젝트로 전락하는 경우가 많다.

연구결과에 의하면 전체 프로젝트 중에서 성공하는 프로젝트는 고작 15% 내외 정도밖에 안 된다고 한다. 그렇다면 추진하는 프로젝트 중의 약 85%는 실패한다는 얘기다. 그만큼 프로젝트를 성공시키는 것이 얼마나 어려운 일인지를 짐작하고도 남음이 충분하다.

프로젝트가 실패하는 원인은 여러 가지가 있겠지만 주로 프로젝트에 참여하는 사람들 간의 인간적 갈등과 커뮤니케이션 부족 또는 부재로 인한 팀워크 상실, 팀원들 간의 불신으로 개인 이기주의적 업무처리 등 프로젝트는 초기의 사기충전한 기개와 성공시키고야 말겠다는 의지는 희석되어 점차 역사의 뒤안길로 사라지는 프로젝트로 전락하게 된다. 나하고 함께 일하는 사람을 믿지 못하고 만나면 우선 어떻게 접촉하지 않고 무난하게 넘길 것인지를 고민하기 시작할 경우 프로젝트는 엉뚱한 방향으로 흘러가기 시작한다.

함께 일하는 사람과 말하지 않아도 통하는 멋과 맛이 있고 그래서 서로 믿고 의지하며 도와 주는 여건과 기반이 조성되면 비록 내가 특정 분야에 대한 전문성이 떨어져도 학습을 통해서 얼마든지 극복할 수 있다. 인간은 기본적으로 학습동물 즉, 호모 에루디티오라서 시작단계에서 보유하고 있는 전문성의 차이는 그다지 중요하지 않다. 얼마나 열정적으로 학습하면서 그 일 자체를 사랑하고 일을 통해서 나를 바꾸어 나가는 과정이라고 생각하면 전문성의 격차는 조만간 극복될 수 있을 것이다.

프로젝트를 성공시키기 위해서는 해당분야의 전문성 또한 무시 못할 변수다. 프로젝트에 참가하는 신참자일수록 프로젝트를 어떻게 진행하면 되는지 그리고 각 단계별로 구체적으로 내가 해야 될 일이 무엇인지 등등에 대한 절차적 지식과 스킬 습득에 여념이 없다. 즉, 특정 일을 추진하는 프로세스에 대한 지식을 매뉴얼식으로 처방하여 습득하려는 성향이 강하다. 따라서 텍스트북에 처방되어 있는 수많은 처방적 프로세스를 배우는 데 여념이 없으며, 그렇게 배웠다고 하더라도 여전히 실전에 직면하면서 겪는 좌절과 아픈 체험을 동반하는 경우가 많다. 텍스트북이나 매뉴얼에 처방되어 있는 지식을 얼마나 많이 보유하고 있느냐는 실천과정에서 어느 정도 도움을 줄 수 있는 기본 조건은 확보했다고 볼 수 있지만 여전히 전문 프로로서 갖추어야 될 충분조건은 되지 못한다.

즉, 학(學)은 있되 습(習)이 없는 경우가 많은 초보자들이 겪는 아픈 경험의 출발점이다. 많이 듣고 배웠지만 실제로 배운 바를 실전에 적용해 보고 연습해서 스스로 체득한 지식이 별로 없을 경우 극단적으로 현실변화에 별로 도움이 되지 못하는 관념적이고 추상적인 그리고 단편적인 지식축적과 나열에 그칠 수 있다. 사고의 완성은 체험에 있다고 한다.

바로 이 점에서 연습(practices)의 중요성이 부각되는 것이다. 전문가와 초보자의 차이는 과정(process)에 있기보다는 연습(practices)에 있다고 하는 말을 음미할 필요가 있다. 여기서 프로세스는 단순히 어떤 일을 추진하는 과정을 지칭할 뿐만 아니라 과정에 담겨진 명시적 지식을 지칭하기도 한다. 명시적 지식은 전문가의 몸속에 체화된 지식과 노하우를 겉으로 표출시킨 결과이다. 따라서 명시적 지식은 전문가의 몸속에 붙박혀 있는 지식의 극히 일부분이다. 80 대 20의 법칙을 적용해 보면 여전히 80%의 지식은 겉으로 표출시켜서 메뉴얼로 만들거나 과정화시킬 수 없는 암묵적 지식으로 그 지식을 보유하고 있는 사람 몸속에 붙박혀 있게 되고 20%의 지식만 지식을 보유하고 있는 사람과는 관계없이 별도의 다른 매개수단을 통해서 습득할 수 있는 것이다. 엄밀히 말해서 겉으로 표출된 20%는 지식이라기보다는 정보수준에 가깝다. 왜냐하면 지식은 그 지식을 보유하고 있는 사람과 분리시켜서 생각할 수 없기 때문이다.

물론 프로세싱, 즉 처리된 지식, 엄밀히 말해서 정보를 습득하는 활동은 그 정보와 관련된 암묵적 지식을 습득하는 활동을 훨씬 순조롭게 만들 수 있지만 여전히 암묵적 지식수준에 도달하기까지는 많은 시간과 노력이 소요된다. 바로 이러한 암묵적 지식은 그 지식을 보유하고 있는 사람과 함께 반복적으로 여러 차례에 걸쳐서 다양한 상황을 배경으로 연습함으로써 점진적으로 자기 내면화되는 것이다. 따라서 전문가는 그런 경험을 다양한 사례, 상황, 배경을 무대로 수없이 반복체험하면서 자기만의 고유한 지식체계로 정리해 내는 작업을 하는 사람이다.

초보자가 바라보기에는 너무나 먼 고산처럼 보이지만 한걸음, 한걸음 가다 보면 정상에 오르게 될 것이고 정상에 오르자마자 또 다른 거봉이 저만큼 앞에 유혹의 손길을 뻗치고 있는 것을 볼 것이다. 가는 여정이 순탄치만은 않을 것임을 너무나 잘 알면서도 또다시 거봉으로 향하는 발걸음을 멈추지 않는 사람이 바로 전문가 특유의 삶의 여정이 아닐까? 그래서 그 어떤 책이나 경전에서도 발견할 수 없는 특이하고 난해한 상황이 발생해도 담대하게 대처할 줄 아는 성찰적 실천자야말로 진정한 전문가, 오야붕, 무림지존의 고수가 아닐까? 나는 오늘도 그런 무림지존의 고수가 겪는 삶의 애환과 고뇌의 그늘을 향해 어김없이 한걸음, 한걸음 걸어가고 있는지를 스스로에게 또한 묻지 않을 수 없다.

읽기와 책읽기, 그리고 책읽기로서의 파묻히기와 파헤치기

학습은 글쓴이의 세계로 파묻히기와 그 속에서 부단히 파헤치는 과정이다

흔히 읽기라고 하면 책을 읽는 행위를 지칭하는 경우가 많다. 그런데 읽기라는 말은 넓게는 주어진 현상이나 사태의 이면에 숨어 있는 의미구조나 시사점을 꿰뚫어 통찰하는 경우를 지칭한다. 예를 들면, 세상의 흐름을 읽는다든지 상대방이 어떤 전략과 전술을 구사하려고 하는지를 읽는다는 말이 통용된다. 이런 맥락에서 읽기능력은 이해능력이며 해석능력과 직결되어 있다. 이해와 해석능력으로서의 읽기는 지식을 창출하는 원동력이라고 볼 수 있다. 무엇인가를 읽고 이해하고 해석하는 과정에서 이제까지 존재하지 않았던 새로운 아이디어를 얻을 수 있으며 통찰력을 얻을 수 있다. 이러한 아이디어와 통찰력은 지식창출의 기본 원천으로 작용한다. 따라서 지식이 창출되기 위해서는 무엇인가를 끊임없이 읽고 읽은 결과를 자신의 기존 관점에 비추어 반추해 보고 재해석해 보는 지적 탐구활동이 지속적으로 전개될 필요가 있다.

지식습득 행위로서의 '책읽기'에는 대표적으로 다음과 같은

두 가지 유형이 있다.[1] 우선 파묻히기가 있다. 파묻히기는 독자 (讀者)가 저자의 텍스트 속으로 빠져 들어가는 것이다. 자기 혼 자 책의 내용을 즐기면서 몰입하는 것이다. 몰입을 유발하기 위 해서는 책의 내용이 독자들의 지적 호기심을 자극하거나 현재 내가 하고 있는 일, 고민하고 있는 이슈와 직·간접적으로 관련 성을 띨 필요가 있다. 그 강도가 강하면 강할수록 파묻히기의 깊이는 점점 더 깊어질 것이다. 이러한 파묻히기는 깊이 혼자 가는 길이며 철저하게 독자적(獨自的)이다. 파묻히는 동안 철저 하게 침잠하고 침묵하며 고독한 자세에서 자신과의 대화를 줄기 차게 나누어야 한다. 파묻히는 활동은 일종의 '세로 지르기'로 서 수평적 가로지르기 이전에 자기 분야에 대한 전문성의 깊이 를 심화시키는 활동이며 전문가로서 취할 수 있는 대표적인 노 선이라고 볼 수 있다.

반면에 파헤치기는 넓게 둘러보면서 파헤쳐진 구성요인들 간 의 관계를 따져 보는 활동이며 다른 사람과 함께 가는 길이다. 파묻히기가 줄기차게 한 우물만을 파는 전문성 신장의 길이라고 한다면 파헤치기는 파묻히는 활동을 통해서 발견한 개체론적, 독자적 사실과 정보들 간에 구조적 관계망을 따져 보는 작업이 다. 따라서 파헤치는 활동은 철저하게 관계론적이어야 하며 공 시적으로 경계를 넘나드는 수평적 넓이를 확산시키는 활동이다.

파헤치는 범위는 전적으로 파헤치는 사람의 지적 안목과 식견 의 넓이와 관계되어 있다. 그것이 좁은 사람일수록 파헤치는 활

---

1) 김용석(2002), 『깊이와 넓이 4막 16장』, 서울: 휴머니스트.

동이 단명(短命)할 수 있다. 파헤치는 활동에 돌입했지만 파묻히
는 활동으로 자기도 모르게 몰입되어 가는 자신을 발견할 경우
가 많다. 자신이 본 만큼 세상이 보인다고 했던가? 파헤치는 여
정에서 직면하고 있는 다양한 사태와 현상을 이해하고 해석하며
여기에 의미를 부여하는 일련의 활동은 주어진 사태와 현상이
담보하고 있는 의미에 대한 이해의 깊이에 따라 좌우된다. 결국
파헤치는 활동을 지속시킬 수 있는 조건은 파헤치는 사람의 지
적 호기심은 물론이거니와 탐구대상에 부여하는 의미부여의 활
동이 우선적으로 자신에게도 의미있게 다가와야 한다. 나아가
파헤치는 활동을 통해서 창출된 관계의 넓이가 인식의 깊이와
연결되어 나가고 있음을 보고 느끼고 체험하면서 깨닫는 정도에
따라서 파헤치는 활동은 지속적으로 전개될 수 있을 것이다.

　파묻히기와 파헤치기는 깊이와 넓이를 추구하는 개인적인 관
심에 따라서 달라질 수 있지만 파헤치는 넓이의 정도가 결과적
으로 파묻히기의 깊이를 좌우하는 결정적인 변수로 작용하고 있
음을 간파할 필요가 있다. 문제는 파헤치는 범위를 어느 정도로
시작해서 점차 확산시켜 나가느냐에 따라 파묻히는 깊이의 정도
가 심화되는 시간의 장단이 결정될 수 있을 것이다. 파묻히기와
파헤치기는 개인적으로는 무엇을 먼저하고 무엇을 나중에 하는
것인가의 문제라기보다는 동시병행적으로 추진하면서 그때그때
상황에 따라서 강조의 포인트를 달리하면 되는 그런 문제가 아
닐까?

상상력을 빼앗아 간 디지털?

학습은 상상력을 발동시키는 과정이다

📺 TV광고를 보면 '아날로그여 안녕!'이라는 문구가 등장하면서 아날로그는 구식이고 디지털은 신식이기에 아날로그적 구습과 관행을 빨리 청산하고 디지털로의 과감한 전환을 촉구하고 있다. 정말 아날로그는 디지털 시대에 작별을 고하고 사라질 것인가? 결론적으로 말하면 그렇지 않으며 디지털 시대로의 전환이 가속화되고 심화될수록 아날로그의 필요성과 중요성은 더욱 요구될 것이라는 전망을 해 본다. 아날로그가 달성하지 못한 점을 디지털이 실현할 수 있으리라고 새로운 가능성을 제시하고 있지만 여전히 디지털만으로는 할 수 없는 그래서 아날로그가 함께 하지 않으면 안 되기에 아날로그와 디지털은 절묘하게 조화를 이루어 통합되어야 함을 여러 가지 측면에서 관찰할 수 있다.

디지털과 창의력 그리고 상상력의 관계를 살펴보아도 의미있는 통찰력을 얻을 수 있다. 과연 디지털은 인간의 상상력과 창의력을 촉진시키고 있는가 아니면 저해하는 요인으로 작용하고 있는가?

아날로그에 대한 디지털의 위력은 종종 허상으로 다가오기도 한다. 실상은 그렇지 않은데 자신이 의도하고자 하는 주장의 타당성과 설득력을 확보하기 위해 잘못된 주장을 펼치곤 한다. 예를 들면, 아날로그 형태의 정보를 제공하는 것보다 디지털 형태의 정보로 제시하는 것이 훨씬 사람들의 상상력과 창의력을 촉발시킬 수 있다는 것이다. 우리는 여기서 잠시 상상력과 창의력이 촉진되는 근본적인 조건과 환경을 생각해 볼 필요가 있다. 언제 어떤 조건하에서 상상력과 창의력이 효과적으로 촉진되는지에 대해서 생각해 볼 필요가 있다. 또한 아날로그와 디지털이 갖는 본질적 속성을 분명하게 인식할 필요가 있다.

아날로그는 일련의 연속적인 스펙트럼으로 질적 속성을 표시한다. 예를 들면, 0과 1 사이에 무한히 다양한 수가 존재하고 있음을 생각해 내는 다양성의 사고 방식이다. 또한 아날로그는 이것인지 저것인지가 불분명할 경우 어느 정도의 애매모호함을 포용하는 사고방식이다. 불확실함과 불분명함 속에서 확실함과 분명함을 추구하는 여정 속에서 상상의 나래를 자유자재로 펼칠 수가 있는 것이다.

모든 것이 확실한 세계에서 내가 펼칠 수 있는 상상의 나래는 극히 제한적일 수밖에 없으며, 무엇인가를 새롭게 구안해 내는 창조적 사고활동은 일어나지 않는다. 내가 대상에 부여할 수 있는 의미의 여지가 많을수록 다양한 해석은 물론 창조적 오독이 가능한 것이다. 주어진 문제에 대한 답이 하나로 정해져 있을 경우 또 다른 대안을 생각할 수 있는 여지가 없다. 우리가 발을 딛고 살아가는 일상적 삶의 세계는 확연하게 구분할 수 없는 접경지대가 많으며, 한쪽 영역에서 다른 쪽 영역으로 옮겨가는 과

도기적 상태의 속성을 지니고 있는 경우가 많다. 낮과 밤만 있는 것이 아니고 여명과 황혼도 있으며, 하얀색과 까만색만 있는 것이 아니고 희끄무레한 색도 있는 것이 우리들이 살아가는 삶이 아닐까?

아날로그 형태의 정보를 담고 있는 책이 오히려 사람들의 상상력을 자극한다는 김용석 교수의 다음과 같은 주장에 수긍이 간다. "책에 씌어진 이야기는 오히려 상상력을 자극하고 책의 내용에서 전이된 이미지를 창조하게 하는 경우가 많다. 사람들은 책을 읽으면서 글자를 보지만, 머릿속에는 색깔, 소리, 모습, 동작, 풍경 등을 연출해 낸다. 책읽기가 머리를 숨쉬게 하고 마음의 눈을 좀더 활짝 열어줄 수 있다는 은유는 과장이 아니다."[1]

책 속에서는 저자가 펼치는 상상력의 세계에 독자를 초대하는 경우가 많다. 독자는 저자가 그려 나가고 있는 장면들과 실상들 그리고 그들이 만들어 가는 미지의 세계 속에 빨려 들어가 독자는 각양각색의 상상력을 발동시킨다.

텍스트 속에 제공된 단서를 배경으로 자기만의 논리를 펼치기도 하고 내가 생각하는 모습에 다양한 의미를 부여하여 저자가 만들어 가는 모습과 때로는 전혀 다른 모습으로 상상 속의 세계를 그려 낼 수 있다. 중요한 것은 독자에게 답을 단도직입적으로 확실하게 주지 않고 아직도 여전히 분명하게 밝히지 않은 채 독자에게서 다양한 답이 나올 수 있도록 유도할 뿐이다. 그래서 동일한 텍스트 정보에 대해서도 독자마다 창조적 오독(誤讀)이 가능하도록 여지와 조건을 마련해 주는 아날로그의 텍스트 읽기

---

1) 김용석(2002), 『깊이와 넓이 4막 16장』, 서울: 휴머니스트.

는 상상력과 창의력의 보고가 아닐까?

그런데 디지털 시대가 되면서 사람들은 생각하지 않아도 자신이 원하는 이미지와 모습들을 온전히 담고 있는 온갖 이미지의 홍수 속에 살고 있다. 자신이 꿈 속으로 그려왔던 상상의 캐릭터들이 바로 눈앞에서 구현할 수 있게 된 것이다. 상상력의 발동은 보이지 않는 것, 볼 수 없는 것을 보려는 노력 속에서 이루어진다고 볼 때 디지털은 너무 많은 것을 한꺼번에 다 보여 줌으로써 상상의 공간을 박탈하고 있다.

"하이퍼텍스트는 '하이퍼' 한 '상상의 지도'를 직접 제공하는 친절을 베풀지만, 그러한 총체적 제공을 통해 두뇌의 상상력을 대치할 수도 있다."[2]

지나친 친절과 서비스는 이를 제공받는 사람들에게서 상상할 수 있는 최소한의 기회와 여지까지 빼앗아 버리고 있다는 것을 모르고 있는 듯하다. 단지 제공되는 환상적 체험과 체험의 현실 유사성 정도가 얼마나 근접하고 있으며, 그러한 체험이 얼마나 강렬하냐에 몰두해 있는 듯하다. 세상은 점점 디지털의 빠름과 투명함 그리고 확실함의 논리로 느림과 애매모호함의 세계를 점령해 나가고 있다. 하지만 느림과 애매모호함의 세계가 빠르고 확실한 세계 속에서 저력을 발휘할 때 디지털의 꽃은 만개할 수 있을 것이며, 그 향기도 오랫동안 지속될 수 있을 것이다. 결과적으로 디지털의 완성은 아날로그의 도움과 기반없이는 완성될 수 없는 불완전한 꿈이 아닐까?

---

2) 김용석(2002), p. 145.

분명하지 않은 여명과 황혼에 숨겨진 진주

학습은 여명과 황혼을 볼 수 있는 혜안(慧眼)을
연마하는 과정이다

어둠과 밝음, 낮과 밤을 볼 수 있는 안목은 누구나 쉽게 얻을 수 있지만 그 접경지대에서 양자의 속성을 모두 갖고 있는 현상의 이면과 그 사이에 잠재되어 있는 속성을 간파해 내는 일은 그리 쉽지 않다. 항상 보이는 것보다는 보이지 않는 것이 보이는 것을 통제하고 조정하는 일이 많음을 일상의 여러 가지 사례를 통해서 목도할 수 있다. 이런 맥락에서 교육도 보이는 것이 진리라고 가르치기보다는 보이지 않는 것이 진리라고 가르치는 것이 참다운 의미의 교육이라고 생각한다. 겉으로 보이는 것은 누구나 약간의 교육이나 훈련을 통해서 습득할 수 있지만 보이지 않는 것을 볼 수 있기 위해서는 비교적 오랫동안 다양한 방법으로 연습하고 그 역량을 연마해야 된다.

표면에 나타나 있는 현상은 표면에 나타나 있지 않은 현상의 이면에서 진행되고 있는 다양한 기능과 작용에 의해서 다만 겉으로 보일 뿐이다. 따라서 겉으로 보이는 현상은 본질이 아니라 피상일 수 있다. 현상의 본질을 파악해 내기 위해서는 뒤에 숨어 있거나 잠재되어 있는 현상의 이면을 볼 수 있는 안목과 식견과 통찰력이 절대적으로 필요하다.

아날로그의 세계가 애매모호하고 불확실한 세계라면 디지털의 세계는 투명하고 확실한 세계다. 아날로그의 세계는 일련의 연속선상에서 정확히 어떤 지점을 지칭하고 있는지 그리고 무엇을 이야기하고 있는 것인지에 대한 대상 지향성이 불분명한 경우가 많다. 경계선이 모호하고 무엇을 지칭 또는 지향하고 있는지를 쉽게 이해하기 어려운 경우가 많아서 독자의 창조적 오독이 발생하는 경우가 많다.

아날로그의 세계는 하얀색과 까만색 사이에 존재하는 히끄무레한 색의 세계다. 하얀색과 까만색 사이에 얼마나 많은 색의 조합이 가능한가? 무한한 가능성의 세계에서 아직 밝혀지지 않았지만 미지의 영역에서 탐구를 기다리고 있는 세계가 아날로그의 세계다. 따라서 아날로그의 세계는 경계와 경계가 맞닿아 있는 접경지점에 주목한다. 어떤 상태에서 어떤 상태로 전환되고 있는지의 여정에 보다 많은 관심을 두고 있다. 접경 또는 접선 지점에서 또 다른 상태로의 전환과 발전과 성숙이 시작되고 있는 것이다.

실제로 새로운 세계에로의 전환점도 속성이 전혀 다른 두 가지 다른 사태 사이에 내재되어 있는 경우가 많기에 새로움의 시작 또는 추진한 일의 마침 사이에 존재하는 어떤 특성에 주목할 필요가 있다. 사이, 틈새 그리고 경계 이전과 이후에 존재하는 속성이 사이, 경계를 벗어나 어떤 속성으로 변화되고 있는지를 간파하는 노력이 중요하다. 낮과 밤보다는 낮의 끝과 밤의 시작 사이에 존재하는 황혼, 밤의 끝과 낮의 시작에 존재하는 여명에 주목하면 낮과 밤에는 느끼지 못하고 깨닫지 못했던 새로운 그 무엇을 느끼고 깨달을 수 있다. 여명에서 낮에 발생할 일을 구상하고 황혼에서 밤의 존재의 의미를 점쳐 보는 노력이 필요하다. 여명과 황혼은 낮과 밤, 밤과 낮의 의미를 동시에 담보하고 있지만 낮과 밤, 밤과 낮의 어느 한 특성을 확연하게 보여 주지 않고 감추고 있다. 감추고 있는 의미의 뒤안길에 파묻혀 보고 그 길을 파헤쳐 보면 감춰진 비밀과 신비의 세계가 어느 정도 겉으로 드러날 수 있을 것이다. 하지만 여전히 겉으로 드러난 사실의 세계, 현상의 세계는 전체 세계 중 극히 일부분이며 본질적 속성이 겉으로 드러난 피상의 세계일 뿐이라는 사실이다. 우린 때때로 보이지 않는 세계를 보고 안 보인다고 답답해할 것이 아니라 오히려 거시적 안목과 통찰력으로 보이지 않는 세계가 담고 있는 숨은 의미와 의도를 간파해 내고 그것이 향후 보이는 세계에 어떤 영향력을 행사할 것인지를 예견해 내는 연습을 끊임없이 반복하면서 그 능력을 연마할 필요가 있다.

우물 안 개구리의 우물 밖 현실 구성력
학습은 안과 밖이 소통되는 과정이다

좌정관천(坐井觀天)이라는 사자성어가 있다. 우물 안에 앉아서 세상을 바라보는 편협한 시각의 한계를 꼬집는 말이다. 우물 안에서 아무리 바라보아도 우물이 제한하고 있는 경계선을 넘어서서 바라보기 어렵다는 난점 때문에 생긴 말이다. 그런데 요즈음에는 우물 안에서도 얼마든지 우물 밖의 현실을 이해하고 자기 나름대로 구성할 수 있는 길이 열려 있다. 세상 밖으로의 열림이 단순히 물리적, 시간적 열림이 아니라 사람과 사람, 사람과 네트워크 간의 소통이 활짝 열림이기에 우물 안에 있다고 해서 편협한 시각을 가질 수밖에 없다고 몰아붙이는 것은 무리다. 그렇다면 우물 안에서도 어떻게 우물 밖에서 보고 느끼는 것과 거의 비슷한 수준으로 보고 느낄 수 있을 것인가가 중요한 관심으로 등장한다. 나아가 우물 밖에서 발생하는 현실을 우물 안에서 어떻게 구성할 수 있을 것인지가 핵심적인 관건으로 대두된다.

우물 밖에 나가지 않고 우물 안에서 바깥 세상을 이해할 수 있는 것은 그다지 중요하지 않은 것 같다. 문제는 우물 안과 우물 밖 세계 간의 열린 커뮤니케이션 채널을 구축하고 양자의 세계는 다를 수밖에 없으며, 다른 세계에서 상대방의 세계를 이해하고 해석한 결과의 불완전성을 믿고 도와 주는 것이다. 우물 안 개구리는 안에서 자신이 바라본 바깥 현실을 주관적으로 이해하고 해석한다. 마찬가지로 우물 밖에 사는 사람들도 자신의 주관적인 가치판단의 기준으로 우물 안의 사람들과 그들이 만들어 가는 세계를 평가해 본다.

자신의 이해결과를 우물 밖에 있는 사람들의 생각과 비교해 보고 다름과 차이를 교감해 볼 수 있는 방법도 여러 가지지만 여전히 기술적 수단을 활용하여 생각의 결과, 즉 텍스트만을 주고받을 경우 진정한 의미의 생각의 교감은 일어나지 않는다. 서로가 다른 세계 속에서 살고 있는 그 자체를 인정하고 그 속에서 싹트고 있는 생각의 단서들이 컨텍스트를 다르게 갖고 있으므로 다른 컨텍스트 속에서 싹튼 텍스트를 이해하고 해석하는 과정에서도 특별한 주의와 관심이 필요하다.

문제는 우물 안에 있는 사람과 우물 밖에 있는 사람들 간의 인간적 소통의 과정이 생각보다 심각하게 닫혀 있는 경우가 많다는 것이다. 기술발전 덕분에 물리적으로 우물 안과 바깥을 소통시키는 것은 얼마든지 가능하지만 기술적 수단의 힘을 빌어 두 가지 다른 세계를 연결시켜 놓아도 여전히 두 가지 다른 세계에 사는 사람들의 인간적 유대관계가 형성되지 않고 불신이 팽배하다면 인간적 만남의 끈은 연결되지 않고 싸늘한 정보만이 기술적 네트워크망을 통해서 소통될 것이다. 진정 우리가 꿈꾸는 세계는 기술이 인간적 만남의 끈을 대체하고 편리하다는 미명으로 무엇을 위해서 왜 그런 편리함을 추구하고 있는지를 망각할 때가 없는지를 가슴에 손을 얹고 생각해 볼 필요가 있다.

이제 발달하는 기술 덕분에 우물 안과 우물 밖의 물리적 공간의 벽이 무너졌으며, 시간적 제한도 없어졌다. 반면에 인간적 만남의 끈이 자주 끊어지면서 세월이 흐를수록 상대방을 너무 잘 안다고 착각하고 있지는 않은지, 그리고 그런 오해로 인하여 두 가지 다른 세계가 전혀 이질적인 세계로 탈바꿈되면서 기술적으로는 연결되어서 가까운 세계에 살고 있는 것 같지만 실제로는 더욱더 먼 나라의 이웃처럼 고착화되어 가는 것은 아닐까?

나 혼자 고민하기와 너와 함께 나누기

학습은 '혼자' 깊게 가는 길인 동시에 '함께' 넓게 가는
과정이다

우리에게 새로운 문화 텍스트를 읽는 즐거움과 호기심을 제
공해 주고 있는 전 로마 그레고리안 대학 교수였던 김용석 교수
의 『깊이와 넓이 4막 16장』[1]이라는 책을 읽으면서 떠 오른 생각
의 단편이 내게는 너무도 가슴에 와 닿았기에 그 메시지를 나의
학문적 여정에 비추어 반추해 볼까 한다.

이 책의 서문에 보면 "깊이 가는 길은 혼자 가는 길이고 넓게
가는 길은 같이 가는 길이다." 깊이 가는 길은 전문분야에 대한
전문성을 신장하는 것을 말하는 것이고, 넓게 가는 길은 전문분
야와 직·간접적으로 관계를 맺고 있는 인접분야에 대한 딴죽걸
기, 관계망 찾아보기 또는 연결고리 찾아보기 등의 노력을 통해
자신이 전공하는 또는 관심의 초점이 되고 있는 분야에 대한 폭
넓은 식견과 안목을 얻기 위해 노력하는 것이다.

---

1) 김용석(2002), 『깊이와 넓이 4막 16장』, 서울: 휴머니스트.

깊이 가는 길은 철저하게 자신과의 대화지만 넓게 가는 길은
다른 사람과의 대화이다. 따라서 깊이 가는 길은 고독과 고뇌의
과정이지만 넓게 가는 길은 대화와 소통 그리고 자유로운 의견
개진의 과정이다. 깊이 가 본 사람은 깊이 가는 과정에서 보고
느끼고 체험했던 점을 자신의 것으로 체화시킨 흔적과 결과가
많을 것이다. 따라서 깊이 가 본 사람들이 만나서 넓게 가는 길
을 같이 간다면 소통할 꺼리가 많을 것이고 대화의 깊이와 넓
이, 그 속에서 오가는 교감 역시 풍부할 것이다.

소통의 폭과 공유공감의 정도는 전적으로 넓게 가는 길에 참
가하는 사람들 간의 의식의 연대, 느낌과 체험의 공감대가 얼마
나 두터운지에 따라서 결정된다. 삶의 깊이는 그 깊이를 추구하
는 과정 속에서 터득한 삶의 지혜를 간직하고 있다. 따라서 깊
게 가 본 사람은 자신이 가 보지 못한 다른 영역에 대한 깊이를
추구한 사람과 만나서 소통할 필요가 있다. 그렇게 될 때 자신
의 경험영역을 초월하는 새로운 경험영역에 대한 이해의 넓이
를 확산시켜 나갈 수 있을 것이다.

물론 한 우물도 제대로 파지 못하는 사람들에게 넓게 가는 길
을 요구하는 것은 무리(無理)다. 더욱이 한 우물 만을 깊게 파는
길만이 최고의 전문가가 되는 유일한 길이며, 우리는 대부분 그
것이 진리(眞理)라고 생각하도록 암암리에 세뇌교육을 받은 사람
들이 아닌가? 한 우물을 깊게 파서 그 분야의 전문가(specialist)가
되는 것을 많은 사람들이 꿈꾸는 이상으로 생각해 왔다. 그러나
전문가의 모습은 자기 분야뿐만 아니라 인접분야에 대한 폭넓은
지식과 안목을 갖추고 그것이 자신의 분야와 어떤 관련성으로
연계되어 있으며, 그래서 내가 추구하는 전문성에 어떤 의미와

시사점이 있는지를 간파하고 실제로 그런 능력을 보유할 것을 요구하고 있다. 이름하여 일반적인 전문가(general specialist) 또는 전문가적 일반가(special generalist)라고 불릴 수 있지 않을까? 전문지식도 특정한 상황에서 특정한 사람들에게 특정한 시기에 일리(一理)있을 수 있지만 또 다른 상황에서 다른 사람들에게 다른 시기에는 전혀 엉뚱한 망언이나 통용될 수 없는 정보 껍데기로 전락할 수도 있다. 따라서 무수히 많은 일리들을 습득하고 있는 다양한 사람들 간의 인식과 관심의 연대, 그리고 실천의 연대망이 넓게 가는 길을 통해서 더욱 확장되고 공고하게 유지될 필요가 있다.

문제는 깊이 가 보지 않고 넓게 가는 길만을 택함으로써 나타나는 경박함과 넓게 가 보지 않고 한 우물만 파는 사고의 경직성과 편협성이 가져다 주는 폐단이다. 더욱더 큰 문제는 사고의 경박함과 함께 경직성과 편협성을 동시에 극복하기가 그렇게 쉽지 않다는 것이다. 깊이와 넓이는 그래서 동시에 추구하기에는 불가능하며, 별개의 트랙으로 생각되고 있다. 대충 공부하고 쉽게 생각한 다음 상식적인 수준에서 만나서 대화하고 대화의 과정 속에서도 끊임없이 내가 이미 보유하고 있는 가치판단의 기준과 잣대만으로 남의 의견과 주관을 판단하는 오류가 반복되고 있다.

깊이가 동반되지 않은 경박한 인식의 소산을 나누는 가운데 파생되는 담론의 결과들이 현실적 고뇌와 어려움 그리고 그 속에 담겨진 의미의 복잡한 관계망을 포착할 리 만무하다. 우선 내면으로 침잠하고 자신과의 진술한 대화가 필요하다. 물론 대화의 과정은 현실과의 끈끈한 관계 속에서 발생하는 여러 가지 삶의 단면들을 동원해서 고민하는 과정이어야 한다. 그리고 그런 고뇌의 결과 깊어진 자신의 인식의 결과를 끊임없이 나누고 공유해야 한다. 고뇌의 흔적이 동반되지 않은 단순한 만남을 통한 나눔의 과정은 나눔의 과정에 참여하는 모든 사람들에게 인식의 깊이는 물론 넓이를 심화, 확산시켜 주지 못한다.

넓게 가는 길을 택하는 것이 궁극적으로 깊게 가는 길이었음을 저자는 고백하고 있다. 넓게 가는 길이 시간이 많이 걸리지만 장기적으로 더 깊게 파는 길임을 체험으로 알고 있다. 좁게 깊이 파다가 만나는 장애물에 쉽사리 포기하고 다른 길로 너무 빨리 선회하는 사람들이 보여 주는 은근과 끈기의 부족함도 문제거니와 깊이가 가져다 주는 소중함의 가치를 아예 느끼지 못하는 것 같아서 더욱 안타깝다. 파면 팔수록 솟아나는 삶의 향기와 가치는 그 사람이 어떤 분야를 어떤 목적의식과 지향가치를 가지고 파고 들어갔는지에 따라서 달라질 수 있을 것이다.

여러분은 지금 어떤 목적의식과 지향가치를 지니고 어떤 분야를 어느 정도 깊이 파고 있는가? 깊이 파는 가운데 만나는 주변 것과의 소통은 자주 일어나는가? 아니면 담을 쌓고 있는가?

화물숭배현상과 학자들의 일상적 삶
학습은 '낮은 데로 임하소서'를 실천하는 과정이다

서구 이론에 대한 막연한 동경심과 늘 새 것을 추구하는 현상을 빗대어 '화물숭배현상'이라고 한다. 부둣가에 배가 도착하면 오늘은 무슨 새로운 것을 싣고 들어왔나를 찾아보고 이제까지 볼 수 없었던 새로운 물건이 선적되어 있으면 바로 구입해서 국내시장에 전파하려는 노력을 서구이론의 무비판적 수입현상에 빗대어 설명하는 개념이 바로 '화물숭배현상'이다. 지금은 고인이 된 문학평론가 김현 박사는 이런 현상을 '새 것 콤플렉스'라고 지칭하기도 했다. '화물숭배현상'이든 '새 것 콤플렉스'는 모두 지적 기반이 우리 아닌 바깥에 있으며, 바깥에서 탄생한 이론을 우리 문제를 해결하는 데 적용하는 과정에서 발생하는 문제의식의 발로라고 볼 수 있다.

이런 현상을 다른 말로 표현하면 '저 높은 곳을 향하여'라고 할 수 있을 것이다. 우리가 직면하고 있는 문제를 해결하고 일종의 변화를 추진하기 위한 이론적 관점과 방법론적 무기를 우리 현장에서 찾지 않고 항상 고개들어 저 멀리 바다 건너에서 유행하고 있는 또는 새로 나온 이론과 방법론을 매개로 우리 현실을 들여다보고 해결방안을 모색하는 일은 이제 너무도 당연한 일처럼 습관화, 체화되어 있다. 심각한 사고의 식민지가 독버섯처럼 퍼지고 있어서 내가 발을 딛고 서 있는 현실을 '낮은 데로 임하소서'의 자세로 바라보고 거기서 발생한 문제의식을 우리식 논리와 방법으로 풀어 가는 것은 학문적 유행에 뒤떨어진 후진으로 치부받기 십상이다.

여기다가 누가누가, 빨리빨리 이론을 수입하여 국내에 전파하느냐가 그 학자의 대단한 능력으로 인정받는 현실은 토착화된 자생적 이론을 탄생시키는 데 가장 큰 걸림돌로 작용한다. 외국에서 호평을 받고 있는 누구누구의 이론이니까 국내상황에도 그대로 먹혀 들어갈 것이라는 사대주의적 발상과 새 것에 대한 동경심이 상승작용하여 더욱 빠르게 보다 새로운 이론을 계속해서 수입하는 학문적 중개상들이 우리 학문공동체의 지적 성숙수준을 좌지우지하는 현실은 무엇인가 잘못되어도 크게 잘못된 현상이 아닐 수 없다.

첨단 선진 이론을 국내에 소개하는 수입 오퍼상이 우리 학계를 주름잡는 시점에서 우리 현실에서 자생하는 학문적 입장이 환영받고 존중되는 그런 학계의 모습을 기대해 본다. 나 역시 그런 족적을 만들어 나가는 데 작은 힘이나마 나머지 학문적 탐구의 여정에 불사르고 싶은 강한 충동을 느낀다. 다행스러운 것은 그런 움직임이 지금 우리 학계에 관심을 끌고 있으며, 이를 실질적으로 추진하는 학문적 공동체의 움직임이 가시화되고 있다는 것이다.

이런 학문 공동체의 풍경은 후진들에게도 그대로 영향력을 행사하고 있다. 학자의 학문적 활동의 반경과 배경은 전적으로 지도교수의 학문적 성향과 색깔에 따라서 많은 영향을 받기 때문이다. 지도교수의 일거수일투족(一擧手一投足)은 그를 따르는 학생들에게 음으로 양으로 영향력을 행사한다. 입장 그리고 주장을 펼쳐 나가며, 이에 따라 일상적 삶을 어떤 방식으로 엮어 나가느냐는 이제 교수의 개인적인 생활을 넘어선다. 자신이 주장하는 한 마디의 말과 한 줄의 글도 일상적 삶을 근간으로 잉태된 표현이기에 일상적 삶과 글쓰기 그리고 학문적 탐구여정이 곧 따로 분리될 수 없는 하나의 통합된 삶이다.

따라서 어찌보면 무척이나 두려운 삶이 학자들의 삶이라고 생각한다. 서산대사가 말했던가! 눈 덮인 길을 함부로 걷지 말라고…. 걸어간 눈길 위에 새겨진 족적은 그냥 족적 그 자체가 아니라 족적에 담겨진 그 사람의 전부를 새겨놓고 그 족적을 보고 따라가는 후진들에게 너무나 많은 영향을 미칠 수 있기 때문이다.

참으로 어렵고 가도 가도 끝이 보이지 않는 길이지만 한번쯤 자신의 전부를 불살라 태워 버리고 싶은 매력적인 길임에는 틀림없다. 그런 길을 갈 수 있는 지금의 나 자신이 있을 수 있도록 학은을 베풀어 주시고 지금도 세상 곳곳에서 지원사격을 해 주시는 많은 사람들에게 그저 감사할 따름이다. 그래서 더욱 숙연해지는 오늘, 나는 어떤 지적 탐구의 결과를 만들어서 그들에게 보답할 것인지를 고민하지 않을 수 없다.

고뇌(苦惱), 고독(孤獨), 고민(苦悶), 고통(苦痛), 고군분투(孤軍奮鬪)의 학문적 삶을 통해 고지에 올라가지만 거기서 밑만 내려보고 관망하는 그런 삶이 아니라 때로는 밑으로 뛰어내려 고생(苦生)하는 사람들과 함께 어울려 그들과 더불어 사는 삶을 위해 오늘도 더 치열한 삶을 살 수 있도록 구두끈을 졸라 맨다.

학자졸부들의 꼴불견

진정한 학습은 졸부의 생활지침과 학자졸부의 연구방식을
송두리째 거부하는 과정이다

김영민 교수가 최근에 저술한 『자색이 붉은 색을 빼앗다』[1]
라는 책에 보면 졸부의 4대 생활지침을 다음과 같이 적어 놓고
있다. 이러한 졸부의 4대 지침을 원용하여 학자들이 졸부방식을
흉내 내면서 연구하는 방식을 생각해 보았다.

첫째, 일차원적 실용주의로서 '우리는 곧장 써 먹을 수 있는
것에만 관심을 가진다'라는 것이다. 오랫동안 느리게 천천히 묵
히고 삭히면서 자신의 지적 고뇌의 목소리와 흔적을 담아 내는
노력의 결과는 어설픈 실용주의, 조잡한 실용성을 지향하는 학
문적 삶의 여정을 가로막는 최대의 적이라고 주장한다. 한마디
로 돈 되는 효용가치를 창출하는 지식과 스킬 축적 및 개발에
몰두한 나머지 모든 이론은 곧 추상적인 것이고 관념적인 것이
기에 머리가 아프다는 것이다. 이론은 실천 또는 실제와 철저하

---

1) 김영민(2001), 『자색이 붉은 색을 빼앗다』, 서울: 동녘.

게 거리를 유지하고 있기에 현실적 문제해결에 도움이 되지 않는다는 입장이다. 이렇게 된 데에는 이론가와 실천가 모두의 잘못이지만 내가 보기에 이론가가 이론의 원천을 실천현장에서 수집하지 않고 또 다른 이론에서 수집, 짜깁기, 또는 물리적 통합이나 혼합을 통해 제3의 이론을 구성하는 과정에서 실천현장과는 거리가 먼 이론을 탄생시키는 치명적인 오류를 범하기 때문에 나타나는 대가라고나 할까?

둘째, 탈역사주의로 '우리에게는 어제도 내일도 없고 오직 오늘만 있을 뿐이다' 라는 태도가 여기에 해당된다. 오늘의 학문이 어떠한 역사적 변천과정을 통해서 이루어져 왔는지 그리고 향후 전개되는 학문적 발전의 모습에 대해서 나름대로의 통사적 시각을 갖고 있지 않으면 지금 당장 공시적인 치장에 머무를 가능성이 많으며, 역사성을 상실한 나머지 학문적 주체성과 정체성마저 상실할 가능성이 농후해진다.

역사적 탐구는 과거를 헤집고 다니는 일종의 과거 지향적 탐구지만 어떤 면에서는 지나온 발자취를 더듬어 생각하는 과정에서 우리가 어디로 가야 될지에 대한 통찰력과 시사점을 얻을 수 있다. 현재와 미래는 과거와의 연장선상에서 바라보든 또는 탈연장선상에서 바라보든 분명한 것은 해당 학문의 역사적 뿌리를 송두리째 뽑아 버리고 전혀 다른 학문적 지향점을 찾아낼 수 없다는 것이다. 혈통이 분명히 있는 데도 불구하고 자기는 그쪽 혈통이 아니라 다른 혈통이라고 부르짖는 어거지 주장이 몰역사적 학문탐구자세에서 나오는 발상이 아닐까?

셋째, 무원칙의 잡탕주의로서 '모든 것이 아무데나 있지만 꼭 필요한 것은 아무데도 없다' 는 말로써 그 요체를 드러내는 졸부의 생활지침이다. 요즈음 유행하는 가로 지르기 또는 경계 넘나들기라는 화두의 잘못된 적용이 무원칙의 잡탕주의로 귀결될 위험이 도사리고 있다. 대학시절 소주잔에 잡탕 안주를 즐겼던 기억이 나지만 잡탕의 맛은 어떤 통일된 지향점이나 본래 어떤 맛을 내겠다는 의지의 맛이 아니라 섞어서 끓이다 보니까 나는 맛이다.

학문적 가로 지르기나 경계 넘나들기는 가로지름 또는 경계넘나듦 그 자체에 목적이 있지 않고 그런 활동을 통해서 궁극적으로 달성하고자 하는 바가 있다. 예를 들면, 한쪽 눈으로 바라본 자기분야의 연구대상을 전혀 다른 시각으로 바라봄으로써 이제까지 보이지 않았던 문제를 새롭게 바라보기 위함이다. 다르게 보는 눈은 다르게 생각하기 위한 전건이며, 이는 다르게 연구할 수 있는 기반을 제공해 준다.

다르게 보고 다르게 생각하고 연구하기 위해서는 상자 속에 편안히 안주하여 자기 전공의 울타리를 벗어나 때로는 바깥의 눈으로 상자 속을 들여다볼 필요가 있다. 상자 안에서 상자 안을 연구하는 눈은 어둠에 가려서 상자 안을 제대로 볼 수 없을 때가 얼마나 많은가?

여기에 한 가지를 더 추가한다면 탈맥락주의를 꼽을 수 있다. 어떤 이론이나 기법이 어디서 어떤 맥락을 통해서 탄생되었는지에는 눈을 감고, 겉으로 드러난 가시적 결과에는 눈을 크게 뜨고 그 표피와 외양의 화려함과 매력에 눈길을 주고 홀딱 반해버리는 속성과 성향이 여기에 해당된다. 외국이론이나 기법의 도입에 사활을 걸고 있는 기지촌 지식인들이 보여 주는 흔한 성향은 빨리 새로운 이론을 도입하여 내가 먼저 소개하는 데 앞을 다투지만 왜 지금 이 시점에서 그 이론이 적용대상에 필요하고 적실하며, 그 이론의 탄생배경과 맥락과 적용대상의 상황적 맥락 간에 존재하는 특수성의 차이를 발견하지 못하고 있다. 정확히 말해서 발견하지 못하는 것이 아니라 발견하는 데 별로 관심이 없다고 볼 수 있지 않을까? 이론의 탄생배경과 맥락은 기존 이론에 대한 지적 분개의 심정과 여정이 살아 숨쉬고 있는데, 살아 숨쉬는 그런 심정과 여정이 수입과정에서 망실되어 버린다. 이제까지 도입된 수많은 이론과 기법의 사회문화적 맥락성에 대한 새로운 문제제기 역시 다르게 보고 생각하고 연구하는 눈이 없으면 불가능하지 않을까?

버리기와 잃어버리기
학습은 버림을 통해 새로운 창조의 공간을 만드는 과정이다

버리기는 어렵지만 잃어버리기는 쉽다. 버리기는 자신이 갖고 있는 무엇인가를 모종의 의사결정을 통해서 의도적인 조치를 취하는 행위이다. "내가 나서서 사물과 헤어지면 버리는 것이 되고, 나는 가만히 있는데 사물이 나를 떠나면 잃어버리는 것이다."[1] 내가 나서서 사물과 헤어지기 위해서는 헤어짐으로써 나에게 다가오는 심리적 박탈감을 상쇄시킬 수 있는 나름대로의 마음가짐이 필요하며, 버림으로써 더욱 값진 것을 가질 수 있다는 마인드가 필요하다. "버리기와 잃어버리기는 사물과 내가 분리된다는 결과에서는 같은데, 후자의 과정에는 내가 개입한 바가 없기 때문에 그것은 이른바 '행위'의 범주에 넣을 수 없다. 버리는 것은 행위이지만 잃어버리는 것은 행위가 되지 않는다."[2]

---

1) 안규철(2001), 『그 남자의 가방』, 서울: 현대문학, pp. 165-166.
2) 위의 책, p. 167.

행위는 의도성이 있느냐 없느냐에 따라 결정되기 때문에 행위를 일으킨 의도의 순수함이 중요하다. 순수한 의도를 근간으로 발생하는 행위는 사회적으로 많은 사람들에게 감동을 줄 수 있지만 불순한 의도하에서 발생하는 행위는 사회적 악을 창출한 원흉으로 작용한다.

현대인들은 버리지 않고 잃어버리는 일이 많아지고 있다. 특히 변화의 속도가 빨라지면서 버리기보다는 챙기기에 더욱 많은 욕심을 부리고 있다. 가능하면 빨리 많은 것을 소유하려는 욕심은 물욕뿐만 아니라 명예욕과 지식욕에도 그대로 적용된다. 나아가 인터넷을 통해 빛의 속도로 정보공유가 가능해지면서 정보사냥을 통한 자기것 챙기기에 바쁜 나머지 내것을 남과 공유하는 것을 잊어버리고 있다.

버리지 않고 자기것만 챙기기에 바쁜 현대인들은 자신과 남을 위해서 꼭 해야 될 일을 잃어버리고 있다. 버려야 새로운 것이 들어올 자리가 있는 법이다. 법정 스님이 쓴 『버리고 떠나기』라는 책 제목처럼 버리고 마음이 홀가분할 때 이제까지 보이지 않았던 새로운 것이 보이기 시작한다. 버려야만 새로운 채움이 시작될 수 있다. 물론 버리지 않고도 얼마든지 채울 수 있지만 버림이 동반되는 채움이야말로 새로운 채움이라고 볼 수 있다. 그냥 채움이 아니라 이전에 존재하지 않았던, 또는 전혀 다른 창발적 아이디어가 버린 공간을 차지하면서 이루어지는 채움이다.

나는 내가 갖고 있는 것 중에 무엇을 버릴 것인가? 버리기 아깝기에 쉽사리 의사결정하기는 어려울 것이다. 애지중지하던 물건과 소중한 나의 지식자산, 나의 마음속을 늘 따라다니는 괴로

움과 고민의 흔적들…. 그러나 마음의 잔해(殘骸)들을 버리고 물
욕(物慾)에 집착하게 하는 물상(物象)들을 버려야 되지 않을까?
버림이 잃어버림이 되지 않고 버림이 오히려 새로운 창조를 위
한 작은 몸부림으로 인식되어야 하지 않을까? 버리고 망각할 수
있는 능력은 물질만능주의와 과다한 정보의 바다 속에서 살아남
기 위한 필연적인 조건으로 다가오고 있다. 새로운 것을 추구하
면서 소유하고 습득하면서 전개되는 학습도 중요하지만 기존의
것을 버리고 망각하면서 학습하는 폐기학습(unlearning)이 더욱
중요한 의미와 가치를 지니게 되었다.

162

'무겁고 느린 인식'의 실종(失踪)과
'가볍고 빠른 행위'의 난무(亂舞)

학습은 무겁게 고민하고 느리게 인식하는 과정이다

무엇 하나라도 끌어안고 고민하고 고뇌하는 시간은 줄어들고 거의 즉흥적으로 행동에 옮기는 경우가 많아졌다. 하찮은 것이라도 깊게 천착하고 끌어안고 생각하면서 육화(肉化)시키는 체득의 과정이 동반되지 않은 채 가볍게 날아다니는 경거망동은 디지털로의 광속적 변화가 더욱 부채질을 한다. 대상마다 깊은 의미와 무궁무진한 신비의 멋이 베일에 쌓여 있음에도 불구하고 주마간산(走馬看山)격으로 빨리 훑어 버리고 지나가는 가벼운 행동이 여기저기서 벌어진다. 너무도 빨리 훑어서 지나가기에 훑어져 버린 대상물들이 나에게 깊은 의미로 다가올 리 만무하다. 인식주체와 인식대상 간에 거리는 가까워지는 듯하지만 더욱더 멀어지고 있다.

자기 생각의 독창성을 확보하기에는 모종의 정신적 고통이 뒤따른다. 그래서 사고의 편리함을 좇아 가다가 쉽게 행동으로 보여 준다. 깊고 오랫동안 지속되는 생각의 실마리를 끈질기게 물고 늘어지면서 고뇌한 결과를 되씹어 보고 그래서 어떤 결과를 이끌어 내기보다는 단순하게 그냥 행동으로 옮겨 버린다. 복잡한 일상의 일면을 사고하고 인식하고 느끼는 머리와 가슴이 동반되지 않은 가벼운 행동의 난무(亂舞)가 눈앞을 가린다. 무거운 인식은 가벼운 행동의 위압과 위세에 눌려 무거움은 빠르게 가벼움으로 탈바꿈되어 버린다. 무거운 인식의 과정에 몰두하는 사람들은 가벼운 행동을 일삼는 사람들로부터 빨리 가벼워지기를 강하게 요청받고 있다. 웬만한 의지와 집념 그리고 나름대로의 신념이 없는 사람은 무거워지기를 스스로 포기하고 함께 뛰어든다.

그래서 무거운 인식의 과정에 종사하는 다른 많은 사람들도 호시탐탐 가벼운 행동의 난무 속으로 뛰어들어 갈 기회를 엿보는 경우가 많으며, 이미 가벼운 행위 대열에 가담한 사람들이 무거운 사고와 인식의 과정에 있는 사람들을 지칭하여 인식의 위기로 몰아붙인다. 실용성의 미명하에 복잡하고 난해한 인식의 과정과 결과가 주는 가치를 평가절하시키고 가벼운 행동의 실용적 가치를 평가절상시킨다. 평가절상된 가벼운 행동은 이제 인식과정까지도 생략할 것을 요구하기에 이르렀다. 그저 가볍고 빠르게 가는 것만이 최고의 미덕이며 가치로 치장된다.

인식의 출발점은 인식의 주체와 대상과 맺고 있는 관계에서 출발한다. 대상없는 인식은 공허하고 인식없는 물자체(物自體)로서의 대상은 고독하다. 공허하고 고독한 인식과 대상을 한 장면으로 끌어들여 혼연일체(渾然一體)로 만들기 위해 필요한 유일한 방법은 인식주체가 대상의 일부로 잠입되는 경우이다. 그런데 대부분의 인식은 대상으로의 몰입을 용납하지 않는다. 그렇게 하면 오히려 인식주체의 편견과 주관이 가미되기 때문에 인식대상을 정확히 이해하지 못한다고 비난한다. 인식주체와 대상의 가장 일차적인 관계는 인식주체가 대상을 방관자적 입장에서 그 냥 바라만 보는 행위이다. 대상과 멀리 떨어져서 독립적인 입장 에서 관망할 것을 요구한다. 인식주체와 대상이 분리 또는 격리 되어 있는 경우에는 양자간의 차이점을 부각시켜 더욱 양자간의 거리를 멀리 떨어뜨린다.

인식주체가 대상에 가까이 가면 갈수록, 즉 인식이 진척될수 록 인식주체는 대상으로부터 멀어진다. 감정이입이 철저하게 통 제되고 과학성과 객관성이라는 이름의 횡포가 인식주체의 적극 적 몰입행위에 제동을 걸며 주관성을 대상에 몰입시키지 못하도 록 막는다. 대상과 필자의 혼연한 육화없이 대상을 인식, 서술 할 수 있다는 환상이야말로 우리 시대가 직면하고 있는 최대의 위기가 아닐까? 또한 가까이 하기엔 너무나 먼 당신이기에 멀리 서나마 바라만 보는 것으로 만족해야 하는 인식대상은 신비화되 고 그 본질이 베일에 가려진다. 오로지 과학적 방법의 정교화만 이 그 인식대상의 실체를 낱낱이 벗겨 버릴 수 있는 가장 강력 한 무기로 등장한다.

인식주체와 인식대상 간의 관계맺음 방식을 이해하기 이전에 인식주체와 독립적으로 존재하는 인식대상의 존재론적 성격을 해명하기 위해 인식주체보다는 인식주체가 활용하는 과학적 방 법에 의존한다. 그런데 그 과학적 방법은 누가 선정하고 누가 활용하며, 그러한 방법을 통해서 밝혀지는 사실적 정보에 의미 를 부여하는 주체는 누구인가? 그것도 과학적 방법이 알아서 결 정하는가? 결국 주관적 인간이 객관적인 과학적 방법의 힘을 빌 어 객관적인 체 하지만 주관적 동물로서의 인간의 본질적 속성은 가면으로 커버되지 않음을 통렬하게 깨달을 날은 언제인가?
가벼운 행위의 빠른 전개가 가져올 심각한 폐해도 과학적 방법
이 해결해 줄 것인가?

깊이의 상실과 넓이의 확장
학습은 상실된 깊이를 심화시키는 과정인 동시에 넓이를
확산시키는 과정이다

한동안 전문가는 한 우물을 파야 된다고 하면서 특정 분야에
대한 깊이있는 지식과 스킬을 습득하고 있어야 된다고 했다.
즉, 전문성을 한 분야에 대한 해박한 지식과 혜안을 갖고 있어
야 한다는 의미로 해석하는 말이다. 이 말은 자기 분야에 대한
전문성을 쌓기 위해서는 인접분야에 대한 '폭넓은' 지식보다는
자기 분야에 한정된 '깊이' 있는 지식이 필요하다는 말로 해석
된다. 즉, 넓이보다는 깊이가 강조되었고 깊이는 넓이를 확장시
킴으로써 범할 수 있는 가벼움보다는 깊이를 통한 무거움이 강
조되었던 것이다. 인식의 넓이를 확산시킴으로써 오히려 참을
수 없는 인식의 가벼움으로 연결되는 경우가 많기 때문에 인식
의 깊이를 추구함으로써 인식의 넓이가 가져다 주는 가치를 상
쇄시키려는 의도가 있음을 알 수 있다.

그런데 최근 우리 사회가 필요로 하는 인재상이 '전문가
(specialist)' 보다는 '전반적 전문가(general specialist)' 가 부각되면
서 자기 분야에 대한 깊이 있는 전문성은 물론 자기가 전공하는

분야와 직·간접적으로 연계되어 있는 인접분야와 관련된 지식도 습득할 필요성이 제기되고 있다. 자기 분야에 대한 수직적 깊이를 추구함은 물론 자기 분야와 관련된 인접분야와의 관계망을 수평적으로 확산시킴으로써 넓이를 지향할 필요성을 부각시키고 있는 것이다. 궁극적으로 자기 분야에 대한 깊이 있는 전문성을 습득하기 위해서는 장기적으로 넓게 시작하는 것이 종국에는 더 유리할 것이라는 가정을 하고 있는 것이다.

우물을 반경 5m로 파기 시작하는 사람과 반경 20m로 파기 시작한 두 사람을 비교해 보면 단기적으로는 전자가 더 빨리 깊이 우물을 팔 수도 있지만 장기적으로 볼 때에는 후자가 더 깊이 팔 수 있다. 좁게 깊이 파고 들어가기 시작한 사람은 일정 시점이 지나면 어느 시점부터 더 이상 파고 들어가기 어려운 난국에 직면할 수 있을 뿐만 아니라, 중간에 돌발하는 바위 덩어리나 또 다른 장애물을 만나면 어쩔 수 없이 진퇴양란에 처하게 될 것이다. 반면에 반경을 20m로 파고 들어가기 시작한 사람은 중간에 장애물을 만나도 옆으로 우회할 수 있는 여유가 있으며 속도는 느리지만 결국 더 깊게 파고 들어갈 수 있다.

학문이 발전하면서 전문화(專門化)라는 이름으로 지나치게 세분화(細分化)의 길로 줄달음쳐 왔다. 그러다 보니까 자기가 전공한 극히 일부분으로 많은 다른 부분을 설명하고 이해하려는 오류를 범해 왔으며, 자기 분야 이외의 다른 분야가 어떻게 발전하고 있는지 그리고 자기 분야와 어떤 관련을 맺고 있는지에 대한 관심이 없었다. 좌정관천(坐井觀天)의 오류가 발생했으며 전체 학의 발전과는 무관하게 지나치게 분화된 전문성으로 자기 전공영역에 대한 지나친 집착증을 초래하게 되었다. 일상적 삶의 현장에서 발생하는 문제는 학문적 세분화의 결과로 전체현상을 총합적으로 설명하고 이해할 수 있는 본래 학문의 이상을 구현하지 못하는 절름발이 학문을 탄생시키기도 하였다. 깊이를 추구함으로써 넓이를 잃어버렸지만 결국 넓이의 추구로 얻어지는 시각과 관점의 확산과 주변 것과의 관계망 상실로 자기 분야의 존재구속적 의미를 상실하게 된 것이다.

최근 정보의 디지털화가 네트워크와 맞물려 수많은 정보가 빛의 속도로 유통됨으로써 조금만 마음먹으면 주변분야와의 폭넓은 관계망을 구축하기가 과거보다 훨씬 수월해졌다. 문제는 옆으로의 넓이 확산이 철저한 계산논리에 따른 상업적 가치추구와 직결되어 있거나 쉽고 가볍게 관계가 이어졌다가 금방 또 연계된 관계의 끈이 느슨해지거나 끊어짐으로써 참을 수 없는 존재의 가벼움과 인식의 가벼움을 느끼게 된다는 것이다. 소위 네트워킹이라는 이름으로 주변 것에 대한 넓은 관점의 확산을 시도하고 있지만 관계망 확산과정에서 하나의 관계가 맺어질 때마다 나름대로의 의미부여와 창조적 고뇌의 과정이 동반되지 않는 가벼운 접속만으로 이어지는 관계의 가벼움마저 느끼게 된다. 한마디로 깊이가 망실되었고 넓이도 피상적 관계만이 축적될 뿐무거운 존재의식이 사라지고 있는 것이다. 네트워킹의 진정한 목적과 의미 그리고 가치를 잘못 해석한 결과이며, 넓이의 문어발식 확장을 지나치게 추구한 나머지 자신이 이제까지 관계맺은 관계망의 본질과 의미도 상실하는 어리석음을 범할 수 있다. 넓이의 확산이 그 어떠한 깊이와도 연결되지 않는 참을 수 없는 존재와 인식의 가벼움으로 연결된다.

3

날기 위한 몸부림의 학습,
앞을 내다보는 비상(飛翔)의 학습

경영학자(교육학자)와 경영자(교육자)의 엄청난 차이

학습은 경영학자(교육학자)를 양성하는 과정이 아니라
경영(교육)현상을 통찰할 수 있는 힘을 길러 주는 과정이다

"**경**영학자는 경영이론에 해박하지만 슈퍼마켓 하나도 제대로 경영하지 못하며, 능력 있는 실무 경영인이라도 이론에 관해서는 입도 못 여는 경우가 비일비재하다. 해답은 바로 노하우의 차이에 있다."[1] 『정보의 사회적 생활』(The Social Life of Information)을 번역한 『비트에서 인간으로』라는 책에서 인용(p. 152)한 말이다. 경영학자와 경영자는 우선 존재이유가 다르고 삶의 목적과 추구하는 방향성이 다르다. 우선 경영학자는 학문적 탐구를 통한 진리의 발견과 이를 통한 해당학문의 학문적 성숙은 물론 지적 정교화 작업에 매달린다. 반면에 경영자는 복잡하고 어렵고 심오한 철학이나 이론보다는 단순하지만 노하우적 지식을 포함하고 있어서 자신이 고민하는 문제를 쉽게 적용해서 해결해 줄 수 있는 실천적 이론과 방법론을 개발해 달라는 요구가 많을

---

1) 존 실리 브라운 & 폴 두기드 지음(2001), 『정보의 사회적 생활』, 이진우 옮김(2001), 『비트에서 인간으로』, 서울: 거름.

것이다.

문제는 경영학자의 존재이유를 경영자와 관련 지어 생각해 볼 때 경영학자의 존재이유가 다르게 이해될 수 있는 단서를 제공해 줄 수 있다. 경영학자는 경영전반에 대한 지식창출, 법칙 정립, 모델 개발, 이론 구성 등 경영현상을 설명하고 이해하는 데 도움이 되는 학문적 활동을 전개하는 사람들이다. 따라서 이들의 존재이유는 당연히 이런 학문적 탐구활동을 통해서 산출된 다양한 연구결과를 실제 경영현장에 적용하여 본래 의도했던 모종의 변화를 이끌어 냄으로써 나름대로의 보람과 학문적 삶에 대한 의미와 가치를 부여하게 된다.

경영학은 특히 경영이라는 현상의 총체성과 복잡성, 그리고 역동성을 인접분야의 이론적 관점과 탐구 방법론을 통해 구축해 나가는 일종의 응용학문이자 실천지향적 학문분야에 속하는 대표적인 학문이다. 한편 경영학의 최종 고객은 경영현장에서 실제로 경영활동을 하는 사람들이라는 점에 비추어 볼 때 경영학자의 존재이유는 경영학의 최종 고객을 위해 경영활동에 도움이 되는 다양한 지식과 모종의 변화를 추진하는 과정에 유익한 혁신기법 등을 제공하는 데 있다고 볼 수 있다.

이런 문제를 제기해 볼 수 있다. 경영학자가 쓴 학술논문을 경영자가 얼마나 유용하게 활용하고 있는가? 그 대답은 그렇게 만족스러운 대답을 기대하기 어렵다. 극단적으로 항상 바쁘게 움직일 수밖에 없는 경영자가 경영학자가 쓴 학술논문이나 책을 거의 보지 않는다면 누구의 잘못인가를 묻지 않을 수 없다. 물론 쌍방 간에 어느 정도의 문제점이 공존하는 것을 인정할 필요가 있지만 일차적으로 경영자가 경영학자의 학술논문이나 책을 읽지 않는 이유는 읽어본들 자신이 직면하고 있는 문제를 해결하고 경영성과를 달성하는 데 별다른 도움을 제공해 주지 못하기 때문이라고 추정해 볼 수 있다. 또한 실제 경영현장에서 거의 이해하기 어려운 난해한 용어와 실제와 거의 관련성이 없는 이론이나 기법의 난무로 경영현장을 개선하는 데 기여하기보다는 오히려 경영자를 착각에 빠뜨리거나 경영현실을 왜곡시킬 가능성이 농후하다. 즉, 경영학자가 창출하는 경영학적 이론이나 방법론의 출생근거는 경영자가 발을 딛고 서 있는 경영현장에서 우러나와야 한다. 수많은 구성원들이 모여서 엄청나게 오랫동안 생사고락을 같이한 경영현장에 다양한 프랙티스를 통해 축적해 온 상황구속적 이론이나 방법론이 잠재되어 있다. 경영의 노하우가 살아 숨쉬는 경영현장를 매개로 이론화시키지 않는 그 어떠한 이론과 방법론도 경영현장을 설명하고 이해하는 데 올바른 관점을 제공해 주기 어려울 것이다.

경영은 경영현상의 총체를 다루지만 경영학자는 자신이 전공하는 분야를 세분화시켜 그 분야에 대하여 자신이 알고 있는 수준에서 논의를 전개하고 실천현장의 문제에 대한 처방책을 강구한다. 그야말로 부분적이고 단편적인 해결대안으로 이해될 수 있다. 즉, 경영자는 경영전반에 대한 총체적인 해결대안을 갈망하지만 경영학자는 자신의 전공분야와 자신이 이제까지 습득한 지식체계에 비추어 처방책을 제시한다. 따라서 경영의 일부가 개선될 수 있지만 경영자가 바라는 경영전반의 획기적인 대안마련에는 만족스럽지 않을 것이다. 결국 경영현장에 유효적절한 처방적 지침을 제공해 주기 위해서는 자신이 다른 이론적 문헌이나 근거를 기반으로 경영학적 이론화 작업과 방법론적 대안 마련에 관심을 둘 필요도 있지만 실천현장에서 매일매일 역동적으로 살아 숨쉬는 경영의 총체를 끌어안고 이를 이론화시켜 경영학적 이론의 설명력과 주어진 경영현상에 대한 이해력을 제고시킬 수 있다.

이런 현상은 경영학에만 국한되지 않는다. 경영에 '학(學)'자가 붙으면 학문적 탐구대상을 세분화시켜 연구하듯이 여타 학문 분야, 예를 들면 교육에 '학'자 붙어서 교육학이 되면 교육철학, 교육행정학, 교육과정, 교육인류학, 교육사회학, 교육경제학, 교육통계학 등 아파트에 입주하듯이 모(母) 학문에 분과학문이 입주를 시작해서 입주한 아파트 집 내부, 더 세분화시켜 각자의 전공영역(방)에서 따로따로 연구를 진행한다. 그 연구가 심도를 더해 가면서 모 학문과는 거리가 멀어지고 결국 모 학문보다는 차용된 학문적 성향과 색깔에 가까워지기 시작한다.

예를 들면, 교육사회학적 연구가 심도를 더해 가면서 교육의 사회적 과정과 여기에 관여하는 사람들 또는 이들간의 상호작용과 제도 그리고 시스템과 문화 등을 사회학적 관점에서 사회학적 방법론을 원용하여 탐구의 깊이를 더해 가는 현상이 발생한다. 문제는 모 학문에서 분화된 분과학문도 더 세분화를 거듭하여 자신의 전공영역을 설정하고 자기 전공에 대한 철저한 깊이를 추구하기 시작하면서 모 학문은 물론 인접분야의 학문적 발전추세와 최근 이슈, 전반적인 학문적 패러다임 전환에 눈을 감는 경우가 발생한다. 관계론적 넓이 추구보다는 심층적인 깊이 추구에 몰두하기 시작한다는 데에서 문제의 심각성을 느낄 수 있을 것이다. 이런 현상이 심화되면서 해당 분과학문의 전공에 몰두하는 학자는 심지어 모 학문에서 통용되는 개념조차 이해할 수 없을 정도로 수평적 교류가 전혀 일어나지 않는다.

튀자, 뜨자, 뛰자, 날자

학습은 날기 위한 몸부림의 과정인 동시에, 날아가면서
먼 곳을 바라볼 수 있는 조망력을 습득하는 과정이다

한동안 튀고 끼 있는 인재를 채용하기 위해 많은 기업들이
높은 관심을 표명한 적이 있었다. 튄다는 것은 평범한 사람들의
범주로부터 이탈하여 한 번 뽐내 보자는 움직임이다. 튀기 전에
받았던 스트레스를 튀어 봄으로써 만회하자는 속셈도 잠재되어
있다. 튀면 '남들이 알아주겠지' 하는 기대감이 내재되어 있기
에 튀기 위해서는 남이 갖고 있지 않은 무엇인가를 보유하고 있
어야 한다. 튄다는 의미는 기존의 범주와 영역권 내에서 자신의
끼를 알아주지 않기에 자신의 장기를 알아줄 만한 곳으로 영역
이동을 하기 위해서 재빠르게 다른 곳으로 옮기는 행동을 지칭
할 때도 있다. 아무튼 '튀다' 는 한순간 잘 보이기 위해서 그리
고 남을 의식해서 의도적으로 행해지는 작위적 행동이다. 튀는
행동은 튀는 행동이 이루어지는 그 상황적 맥락에 튀는 행동을
수용해 주느냐에 따라서 긍정적으로 인식될 수도 있고 그렇지
않을 수도 있다.

'뜨다' 는 요즈음 대중들로부터 인기를 얻기 위한 유용한 수단

으로 많이 쓰이고 있다. 일단 뜨면 인기가도를 달릴 수 있지만 뜨지 않으면 곧 죽음을 의미할 정도로 절박하다. 그래서 온갖 수단과 방법을 동원하여 뜨기 위한 몸부림을 한다. 뜨는 것은 이제 생존의 수단으로 자리매김을 하고 있다. 뜨기 위해서는 부단한 노력도 필요하지만 요령과 재치 그리고 기교도 필요하고 필요이상의 치장과 과장도 필요하다. 뜨고 나서 보면 뜨기 이전의 자신의 모습과 극단적으로 전혀 다른 자신의 모습을 보게 되고 어디론가 줄달음치고 있음을 깨달을 때는 이미 엄청나게 뜨고 난 다음이다.

따라서 뜨기 이전에 진정한 자신의 모습을 반추해 보는 자기 자신과의 대화가 필요하지만 뜨기 위한 준비에 바쁜 나머지 남에게 보이기 위한 치장에만 관심이 곤두 서 있다. 뜨는 것은 한 순간의 영광이지만 영원한 회한의 연속이 시작되는 순간일지도 모른다는 사실을 깨달아야 하지 않을까?

현대인들은 모두 뛰고 있다. 뛰지 않으면 다른 사람을 따라잡기가 그만큼 어려워지며, 이는 곧 경쟁의 뒤안길로 밀려나는 것을 의미하며, 결국 죽음을 의미한다. 죽지 않기 위해서 뛰기 시작하는 것이다. 내가 어디로 왜 뛰고 있는지 망각한 채 계속 뛰고 있다. 힘에 겨워도 멈추지 않고 계속 뛸 수밖에 없는 운명의 쳇바퀴에 걸려든 현대인들이다. 오늘도 뛰고 내일도 뛰고 모레도 뛰어야 한다. 단순히 그냥 뛰는 것이 아니라 더 빨리 뛰는 방법을 부단히 갈고 닦아야 하는 중압감도 더욱 가중된다.

한때 '다시 뛰자'라는 슬로건을 많이 목격할 수 있었는데, 도대체 어디로 뛰자는 것인지를 아는 사람은 그렇게 많지 않은 것 같았다. 하던 일을 멈추고 모두 뛰는 대열에 합류해서 뛰었지만 뛰는 대열에 끼어 있는 자신이 어디로 왜 무엇 때문에 뛰고 있는지를 모를 경우 뛰는 대열에서 쉽게 이탈할 수밖에 없다. 그럴 경우 계속 뛸 수 있는 기력도 금방 상실된다. 내가 뛰는 이유에 대한 철저한 자기 정당화가 필요한 시점이다.

날자. 그래 한번 날아보자. 높이 날아야 먼 곳을 볼 수 있으며, 더 멀리 바라볼 수 있는 조망력이 생긴다. 때로는 목표물을 향해 빠르게 날지만 때로는 천천히 날면서 자신의 비행의 역사적 궤적을 살펴봐야 한다. 그리고 때로는 낮게 날아야 높이 날 때 보지 못한 것을 볼 수 있다. 때로는 높이, 때로는 낮게 날면 삶의 골과 골 사이를 조망할 수 있는 안목이 생기고 날면서 여유를 만끽할 수 있다. 날면서 찾은 여유는 마냥 한가로운 여유가 아니라 다음 목적지로 향하는 비행의 여정에서 잠시 즐기는 여유인 것이다. 이 여유는 긴박감 속의 여유라고 할 수 있다.

날아야 삶의 구석구석을 조망해 볼 수 있는 조감도를 그릴 수 있고 그러기 위해서는 철저한 이륙준비가 필요하다. 멀리, 오래 날기 위해서 힘의 비축이 필요하고 이륙할 수 있는 활주로, 즉 기반이 요구되며, 날기 위해 땅 위에서 오랜 기간 준비하는 인내심이 필요하다. 현대인들은 튀고 뜨는 데에는 관심이 많지만 나는 것에는 별로 관심이 없는 것 같다. 그만큼 나는 것은 오랫동안의 노력과 준비가 필요하다.

한번 튀어 보고 뜨는 행동은 날개가 없어도 가능하다. 힘을 집중하여 에너지를 소비해 버리면 그만이기 때문이다. 한 번 멋진 폼으로 대중들에게 자기 자신을 알려 보려는 한탕주의가 잠재되어 있다. '튀자', '뜨자', '뛰자'는 모두 나 아닌 상대방을 인식하고 경쟁상대를 염두에 둔 자기 과시적 행동이지만 '날자'

는 경쟁상대가 없는 철저한 자기 자신과의 싸움이다. 경쟁상대가 있다면 오로지 자기 자신일 뿐이다. '날자' 는 자기수행의 의미를 담보하고 있으며, 상대를 염두에 둔 경쟁이 아니라 자기 자신을 염두에 둔 경쟁이다. 나는 이유는 상대방을 이기기 위해서 나는 것이 아니라 자신의 삶을 뒤돌아보고, 현재 자신의 위치를 전체 삶 속에 조망해 보기 위한 몸부림이라고 볼 수 있다. 이제 진정 날기 위해서 비행을 준비할 때가 아닌가 싶다.

"뛰고 뜨기에 바빠 아무도 비행을 준비하지 않았다. 비행을 전제하지 않은 이륙은 즉각적 추락을 의미할 뿐이다. 그리고 날지 않으면 상황을 볼 수가 없다. 뛰거나 뜨기의 시도는 상황의 노예가 됐기 때문이다. 상황을 관찰하고 해결하려는 노력이 아니라 상황 속에서 자기만 어떻게 해 보자는 시도가 난무했을 뿐이다. '뛰는 것' 과 '뜨는 것' 은 전형적인 이기주의의 표현이다. 진정한 개인주의는 '나는 것' 에 있다. 개인주의는 자유를 바탕으로 하며 비행은 자유의 상징이기 때문이다." [1]

"날개만으로 하늘을 날 수 있는 건 아냐! 오직 날려고 노력할 때만이 날 수 있는 거지." [2]

1) 김용석(2001), 『문화적인 것과 인간적인 것』, 서울: 푸른 숲, p. 388.
2) 루이스 세뿔베다 지음, 유왕무 옮김(2000), 『갈매기에게 나는 법을 가르쳐준 고양이』, 서울: 바다 출판사.

'형용사 같은 지식인'과 '부사 같은 지식인'

학습은 부사 같은 지식인으로 성장하고 끊임없이 재탄생해 나가는 과정이다

부사는, 우선, 나머지 문장 전체와 독립해 있으면서도, 이를테면 원격조종으로 일거에 그 문장 전체에 영향을 미칠 수 있다.[1] 더 나아가 "부사는 '副'의 지위에 있으면서도 독립해 있고, 또 문장 전체를 그 나름대로 뒤흔드는 역할"을 수행한다는 부사의 품사적 특징을 핵심적으로 지적한 말이다.[2] 이런 점에서 "독립하되 고립하지 않는다"는 김영민 교수의 지식인에 대한 입장을 부사의 품사적 성격이 너무 잘 표현해 주고 있다고 생각한다. 부사는 품사론적으로 형용사와 동사를 수식하면서 때로는 문장 전체를 통째로 수식해서 특정 문장에 담겨 있는 의미를 완전히 다른 의미로 다가오게 한다. 그렇다고 부사는 주어진 문장에 예속되거나 종속되어서 지배와 통제를 받지는 않는다. 주어진 문장과 독립적으로 움직이되 그렇다고 고립되어 있지도 않다.

---

1) 김영민(2001), 『보행』, 서울: 철학과 현실사, p. 147.
2) 위의 책, p. 148.

이에 반해서 "형용사의 '형용'은 기껏해야 명사라는 품사의 하부 구조에 종속될 뿐이며, 이를 테면 제 아무리 뛰고 날아야 명사의 화장품에 불과한 것이다"[3]라고 한 것처럼 형용사는 그 자체로 독립적인 기능을 수행하는 것이 아니라 명사의 앞뒤에서 명사의 존재론적 속성을 말 그대로 형용해 주는 보조적인 역할을 수행하지만 때로는 그 나름대로 명사적 실체의 존재가치를 드높이는 데 공헌을 한다. 따라서 형용사는 명사라는 실체를 수호하는 천사이며, 명사적 상태를 옹호하는 체제 순응적 이데올로기 역할을 수행하는 것이다.

이렇듯 형용사의 삶은 명사의 삶에 철저하게 예속되어 있다. 즉 형용사의 존재이유는 그 자체로는 찾을 수 없으며, 명사와 함께 할 때 비로소 그 존재이유가 밝혀지는 명사기생적 존재다. 문제는 명사도 변화무쌍한 과정적 존재가 아니라 이미 그 성격이 굳어져 버린 존재(being)라는 점이다. 이러한 명사를 앞뒤에서 수식해 주면서 명사의 희로애락에 따라 형용사의 희로애락에 결정되는 종속적 삶을 살 수밖에 없다.

부사의 품사론적 특성을 반영하는 부사적 대화는 주어진 현상이나 실체론적 특성을 고집한 채 변화자체를 거부하는 명사주의적 대화의 갑갑함과 답답함을 거부한다. 부사주의적 대화를 통해서 달성하고자 하는 바는 변화무쌍한 현실성을 포착하면서도 "걸어가면서, 자신의 온몸을 사방에 노출시키는 대화이기 때문이다. 그리고 머무름이 없는 대화, 즉 대화로서의 과정, 과정으로서의 대화이기 때문이다. 그리고 그것이 견실한 자경(自警)의

---

3) 앞의 책, p. 148.

대화인 까닭은, 부(副=副詞)가 정(正=주류 담론)을 뒤집어엎을 수 있는 혁명의 대화이기 때문이다."[4] 따라서 부사적 지식인은 부사적 대화를 통해서, 기존 명사주의적 대화를 통해서 체제 안착된 기존 체제의 순응성과 변화불감증을 전복시키고 베일에 가려진 체제 이데올로기적 정체를 겉으로 드러내 놓고 공개적인 비판을 우선 시도하는 것이다. 부사적 대화를 매개로 지식인의 길을 걸어가는 부사적 지식인은 기존 체제의 이데올로기적 그물에서 벗어나 독립적으로 움직이되 고립되어 있지 않다. 오히려 체제 속에 뛰어들어가 체제의 움직임을 예의 주시하면서 계속 주변부에 머물러 있지만 체제 내 힘의 역학적 관계를 근본적으로 뒤바꾸는 엄청난 비판적 힘을 갖고 있다.

형용사의 품사론적 특성을 반영하는 형용사적 대화는 형용사의 형용 대상인 명사의 품위를 어떻게 하면 높여 줄 것인지에 모든 고민과 관심이 놓여 있다. 따라서 형용사는 그 자체가 명사에 기생되어 있는 체제 종속적 대화의 틀을 벗어나기 어렵다. 형용사는 전적으로 명사의 존재론적 속성을 옹호하고 치장하며 감싸 주고 때로는 각색해서 명사의 존재론적 속성을 간파하기 어렵게 만드는 장본인의 역할을 한다. 따라서 형용사적 대화의 본질은 주어진 명사라는 실체를 어떻게 하면 멋지고 아름답게 형용할 것인지에 놓여 있다. 이미 존재하는 명사적 실체의 외장을 치장·각색·화장·변색시키는 삶이 형용사적 대화를 통해서 추구하는 삶이다.

형용사적 대화의 본질은 대화의 본질을 포착하지 못하고 대

---

4) 앞의 책, p. 152.

화의 핵심을 부풀려 본질을 포착하지 못하게 막는 장본인의 역할도 수행한다. 형용사적 대화를 매개로 활동하는 형용사적 지식인은 기존 지배집단의 이데올로기를 옹호하고 정당성에 힘을 실어 주기 위해 어떤 꾸밈을 시도할 것인지를 고민한다. 따라서 형용사적 지식인은 지배적 권력의 존재 그 자체(명사적 실체)를 인정하고, 어떤 형용사를 동원하여 일반 범생들이 눈치채지 못하게 치장하고 각색해서 극단적으로 왜곡하느냐에 모든 고민을 쏟아 붓고 있다.

이러한 형용사적 지식인은 탐구대상의 본질을 드러내기보다는 자신이 체득한 다양한 형용사를 동원하여 탐구결과를 포장하는 데 주 목적을 두고 있다. 포장으로 가려진 탐구대상은 일반인들로 하여금 본질을 파악하려는 뜻을 꺾어 버리고 좌절시키며 접근한다고 해도 본질을 보지 못하게 온갖 수단과 방법을 동원하여 은폐·조장하려는 노력을 기울인다.

우리 주변에 부사적 지식인은 점점 줄어들고 형용사적 지식인이 점점 많아지고 있는 것은 서글픈 수준을 넘어서서 심각한 지식인 세계의 위기가 아닐 수 없다. 그러나 그 위기의 소용돌이 속에서도 '형용'과 '부사'의 길 중에서 자신이 갈 길을 찾지 못하고 방황하는 지식인이 많은 것은 그래도 다행이다. 문제는 '형용'의 길을 가면서도 자신이 '부사'의 길을 가고 있다고 오판하는 사람이 점점 많아지고 있다는 사실이다. 더욱더 심각한 문제는 '형용'의 길에서 벗어나 '부사'의 길로 가야 되는 것이 진정 지식인의 갈 길이라는 점에 대해서 그렇게 많은 사람들이 그 중요성과 필요성을 절박하게 느끼지 못하는 점이 아닐까?

참새와 제비, 독수리와 학
학습은 독수리의 비상과 학의 비행을 동시에 배우고
익히는 과정이다

참새와 제비가 주는 이미지와 독수리와 학이 주는 이미지는
어떤 점에서 차이가 있을까? 우선 참새와 제비는 지저귀는 소리
가 단순 경박하다. 듣는 사람에 따라서 받아들이는 소리의 뉘앙
스가 달라지겠지만 시끄러울 정도로 재잘거리고 소란스럽다. 아
마 참새와 제비의 소리를 들어보지 못한 학생들이 많을 정도로
옛날에 비해 많이 없어지고 있지만 여전히 그럼에도 불구하고
사람들과 가장 가까운 거리에서 우리와 부대끼면서 살아가는 새
들이다. 이에 비해 독수리와 학은 우선 참새와 제비에 비해서
우리 일상과 어느 정도 거리를 두고 떨어져 살면서 자기 나름대
로의 독창적인 삶을 살아가는 새라고 볼 수 있다.

높이 날면서 무서울 정도의 속도와 집착력으로 사냥물을 포착
해 가는 독수리와 주변의 시류에 영합하지 않고 천천히 묵묵히
자신의 갈 길을 가고 있는 학은 분명 참새와 제비와는 다른 이
미지를 갖고 있다. 참새와 제비의 가벼운 빠름과 독수리와 학의
무거운 기민함이 비교될 수 있다. 가까운 앞을 보고 빠르게 날

아다니면서 눈앞의 이익을 선취하기 위해 빠르게 움직이는 참새와 제비에 비해 높게 비상하면서 먼 곳을 바라보는 독수리와 자신의 목적지를 향해 긴 비행을 참고 견디는 학의 고고함이 주는 이미지를 비교해 볼 수 있다.

그 많던 참새와 제비가 점차 자연으로부터 멀어져 가는 이유는 새들이 지저귀는 소리가 시끄러워서 쫓아냈기 때문이 아니라 농약을 비롯한 환경 생태계를 파괴한 인간 때문일 것이다. 이어령 전 초대 문화관광부 장관의 주장에 따르면 "제비가 점차 없어지는 이유는 농약을 대량 살포하면서 어미제비가 곤충을 잡는데 예전보다 점차 많은 시간이 소요되기 때문"이라고 한다.

어미제비가 새끼제비에게 벌레를 잡아다 줄 때 모든 새끼들이 입을 크게 벌리고 자기에게 달라고 아우성치지만 어미제비는 새끼제비의 입을 벌리는 모양을 보고 어느 정도 배가 고픈지 알아낸다고 한다. 방금 전에 먹이를 먹은 새끼제비는 입 벌리는 크기가 작고 아직 먹지 못한 새끼제비는 입을 크게 벌린다고 한다. 즉, 어미제비와 새끼제비 사이에는 독특한 커뮤니케이션 방식이 존재한다는 것이다.

그런데 어미제비가 벌레를 잡는 시간이 점차 길어지면서 금방 전에 벌레를 먹은 새끼제비도 소화가 다 되어서, 먹이를 먹은 제비나 먹지 못하고 차례를 기다리고 있는 제비 모두 입벌리는 모양이 비슷하다고 한다. 그래서 벌레를 먹은 제비가 계속 먹고, 먹지 못한 제비가 계속 먹지 못함으로써 점차 새끼가 죽어가기 때문에 제비가 우리 주변에서 점차 사라지고 있다는 재미난 해석에 우리는 귀를 기울일 필요가 있다.

제비는 '빠른 새'라고 우리 머릿속에 각인되어 있는 한 제비와 관련하여 다른 상상의 나래를 펼칠 가능성이 적어진다. 제비가 왜 없어지고 있는가? 라는 문제제기에도 그냥 예전보다 환경이 심각하게 오염되고 있으므로 그 오염 속에서 살아가기 어렵기 때문에 그렇다고 대답할 수 있다.

그러나 한 단계 더 나아가 상상의 나래를 펴 보면 이어령 교수가 말한 커뮤니케이션 방식과 그 과정에서 발생하는 어미와 새끼 간의 대화채널의 판단착오로 점차 새끼가 죽어서 제비가 없어지고 있다는 해석이 가능해지지 않을까? 점차 우리 주변에 그런 상상력을 발동시키는 여건과 기회도 없어져 가고 있는 것도 심각한 문제가 아닐 수 없다.

상상력의 공간은 여유와 여백의 공간에서 비롯된다. 내가 생각할 수 있는 여유와 내가 생각해서 무엇인가를 채워 넣을 수 있는 여백이 존재할 때 비로소 나는 무엇인가를 생각하기 시작하지만 현대인들은 그런 것 자체를 어느 순간부터 싫어하기 시작했다. 아니, 사회발전의 구조와 실상이 사람들을 그런 사고와 행동 패턴으로 몰아가고 있다. 빠르게 움직이면서 외부의 환경 변화에 적응하기 위해서는 오랫동안 고민하기보다는 누군가가 내가 고민하는 답을 즉발적(卽發的)으로 제공해 주기를 바라고 있으며, 그런 고속답안을 제공해 주는 책, 글, 게임을 비롯한 오락, 문화 등이 디지털 시대의 생존 경쟁력으로 자리잡아 가고 있다. 그래서 내가 굳이 고민하기보다는 내 고민을 누군가가 대신해서 그것의 결과를 멋들어지게 포장가공해 감각적 방식으로 제공해 주고 있으며, 그런 감각의 채널 중심에서 이를 만끽하면서 상상의 나래를 펴는 여유와 창조적 고뇌의 공간은 이제 설자리를 점차 잃어가고 있다.

독서만 해도 무엇인가 짧은 시간 안에 저자의 의도를 간파할 수 있도록 구성된 책이 아니면 읽지 않으려고 한다. 단숨에 읽어 보고 거기서 저자가 도대체 무슨 말을 하려고 하는지, 즉 의도가 무엇인지를 간파해 내기 어려운 책은 팔리지 않는다.

저자의 의도를 여러 가지 의미로 해석해 보고 각각의 상황에서 저자가 독자에게 던져 주려는 의미와 시사점을 나의 입장에서 반추해 보게 하기 위해 저자의 논리가 심오해지기 시작하면 그 논리의 심연으로 넘어가는 고개를 넘지 못하고 쉽게 책을 놓아 버리는 경우가 많다. 특히 디지털화된 정보 덩어리와 그 덩어리 들이 하이퍼 링크되어 있는 사이트들을 이리저리 따라다니는 순간적 주의집중방식에 익숙한 요즘 사람들의 글 읽기 방식에서 우리는 얼마나 자주 허무하고 공허한 느낌을 받았는가? 끈질기게 파헤쳐 보고 그 의미를 되새겨 보면서 저자의 생각이 지금 이 시점에서 내가 처한 상황에 어떠한 의미와 시사점을 던져 주고 있는지를 온몸으로 고민하는 글 읽기는 점차 찾아보기 어려울 것이다.

저자의 생각의 골이 가져다 주는 깊이를 애써 따라가면서 글을 읽기에는 현대인들이 너무 바쁘다. 그렇게 하지 못하도록 잠시도 사람들을 가만히 내버려 두지 않는다.

"참새의 민첩성이나 제비의 속도만 필요한 것은 아니다. 높이 치솟는 독수리의 비상도 필요하고 학처럼 길게 나는 장거리 비행도 필요하다. 구태여 비유하자면, 짧은 글이 제비의 날개 같은 민첩성의 미덕을 갖고 있다면 긴 글은 독수리의 비상 혹은 학의 비행처럼 긴 호흡과 참을성만이 줄 수 있는 값진 선물들을 갖고 있다."[1]

최근 작가와 함께 긴 호흡을 가르면서 내 생각을 작가의 의중에 집어넣고 여행을 해 본 경험이 있는가? 지금 조용히 자기만의 침묵의 시간을 가져보면서 내가 누구와 무엇 때문에 이렇게 바쁘고 이런 바쁜 여정을 통해서 내가 달성하고자 하는 진정한 가치가 무엇인지를 생각해 본 적이 있는가?

내일 눈앞을 아른거리는 또 다른 일을 해결하기 위해 브레이크마저 고장난 차를 몰고 언덕길 아래로 질주하는 차량대열의 한 사람이 아닌지를 곰곰이 생각해 보는 것은 어떨까?

낮은 창공을 빠르게 날면서 당장 먹어서 별 탈 없는 포획물을 잡아먹기 위해 안간힘을 쓰는 참새와 제비인가? 눈앞의 이익보다는 남들이 보지 못하는 것을 보기 위해 높이 치솟는 독수리인가? 작은 것에 집착하고 바둥거리는 안타까움의 이면을 빗대어 생각해 볼 필요가 있지 않을까? 혹은 자신이 꿈꾸는 목적지에 도달하기 위해 요란스러운 주변의 변화 그리고 그런 변화가 나에게 반강압적으로 요구하는 포장과 가식에 아랑곳하지 않고 묵묵히 자신의 여정을 향해 날아가는 학처럼 내가 진정 하고 싶은 바가 무엇인지를 투영해 보는 것은 어떨까?

---

1) 〈동아일보〉, 2002. 4. 19일자, '생각넓히기' 중에서.
　　(http://www.donga.com/fbin/searchview?n=200204190174)

188

객관적 '달성'과 주관적 '지향'
학습은 잎새보다는 가지를, 조락보다는 성장을 보는
눈을 키우는 과정이다

　나는 인간을 어떤 기성(旣成)의 형태로 이해하는 것은 옳지 않다고
생각한다. 그 개인이 이룩해 놓은 객관적 '달성'보다는 주관적으로
노력하고 있는 '지향'을 더 높이 사야 할 것이라고 믿는다. 왜냐하면
너도 알고 있듯이 인간이란 부단히 성장하는 책임 귀속적 존재이기
때문이다. 더구나 인간관계는 상대적 성격이 강하게 나타나는 일종의
동태관계(動態關係)인 만큼 이제부터는 그것의 순화를 위하여 네 쪽
에서 긍정적인 노력을 경주해야 될 것이다.[1]

　객관적 달성과 업적 또는 성취결과는 외현적으로 드러난 노력
의 결과물이다. 그 사람이 어떤 노력의 과정, 그 속에서 어떤 고
뇌와 고통의 과정을 통과하면서 보고 느꼈으며, 그러한 결과가
외현적으로 드러난 결과물에 직·간접적으로 어떤 영향을 미쳤
는지는 아무래도 2차적인 관심으로 밀려난다. 객관적 달성은 목

---

1) 신영복(1998), 『감옥으로부터의 사색』, 서울: 돌베개.

표달성 그 자체에 많은 의미와 가치를 부여함으로써 목표달성 과정 또는 여정에 이르는 목표달성 주체의 의중이 과소평가되는 경우가 있다. 목표달성 주체의 의중과 지향성은 겉으로 드러나지 않고 목표달성 과정에 있는 사람들의 마음속에 자리잡고 있으면서 목표달성 노력을 통제하고 조정하면서 순간순간 직면하는 특정 사태나 현상 그리고 과정에서 만들어 내는 결과물에 대한 가치판단의 기준과 잣대로 작용한다.

따라서 그 사람이 어떤 성취결과를 만들어 내느냐는 전적으로 그 사람이 특정한 결과물에 대한 가치와 의미부여 여하에 따라 달라진다고 볼 수 있다. 물론 목표달성 주체가 목표달성 과정에 부여하는 의미와 가치는 목표달성 주체가 놓여 있는 사회·역사적 또는 사회·문화적 상황에 따라서 부여된 가치와 의미의 의의도(significance)가 달라질 수 있다.

예컨대 자신이 중요하다고 생각한 의미와 가치가 해당 공동체 또는 상황적 맥락에서 전혀 중요하지 않게 받아들여진다면 자신이 부여한 의미와 가치의 의의도 역시 떨어질 수밖에 없다. 하지만 의미와 가치의 의의도 판정은 시공을 초월하여 언제, 어디서나, 누구에게나 보편적으로 참인 진리로 결정할 수 있는 객관적 판단기준의 절대적인 중심이 무너지고 있는 상황에서도 개인의 주관적인 생각과 의견 그리고 지향점은 특정 공동체 내에서 대화와 토론 그리고 합의를 이끌어 내는 과정에서 여전히 중요한 가치판단 기준과 의의 있음 여부를 결정하는 중요한 기준으로 작용한다.

살아가면서 더욱 중요한 의미로 다가오는 것은 뻥 뚫린 '도로'를 빠른 속도로 달려간 결과 어떤 목표지점에 도달했는지 보다는 삶의 여정에 임하는 사람들의 주체적 의지와 지향성에 따라서 아직도 수많은 가능성이 무궁무진 잠재되어 있는 '길' 을 가면서 보고 느끼고 깨닫는 여정이다.

비록 목적지에 늦게 도달했지만 목적지까지 걸어오는 과정에서 터득한 삶의 수많은 일리들은 겉으로 드러난 가시적 달성물보다 훨씬 값어치 있게 다가온다. 어차피 목적지는 지금 이 시점에서 도달한 지향점이었지 앞으로 영원히 내가 만족하고 머무를 그런 목적지로서의 지향점이 아니지 않은가? 산을 넘고 정상에 도달하면 여기가 바로 지금까지 내가 갈구해 온 궁극적 목적지 같지만 그 목적지를 발견하는 순간 또 다른 목적지가 나를 향해 손짓하고 있는 모습이 보인다. 우리는 목적지에 이르는 동안 나를 둘러싸고 있는 사람들, 동식물, 그들이 만들어 가는 삶의 한복판에서 어떤 관계맺음이 일어나고 있으며, 그 속에서 나는 그런 관계맺음에 어떤 역할과 영향을 주고받고 있는지, 겉으로 드러난 잎새에 시선을 집중시키지 말고 왜 저런 잎새가 나올 수밖에 없었는지, 잎새를 떠받치고 있는 줄기와 가지, 그런 잎새와 가지를 특정한 형태로 뻗게 만든 뿌리의 보이지 않는 힘을 읽어 내는 눈이 얼마나 중요한지를 깨닫는 일이 필요하다.

잎새보다는 가지를,
조락보다는 성장을 보는 눈,
그러한 눈의 명징(明澄)이 귀한 것이라 믿고 있습니다.[2]

---

2) 신영복(1998), 『감옥으로부터의 사색』, 서울: 돌베개.

잎새에 드러난 잠정적이고 한시적이며 가시적인 결과물을 목
도하지 말고 아직 겉으로 드러나지 않았지만 가지 그리고 그 가
지를 있게 만든 줄기와 줄기를 지탱하게 만든 뿌리의 내면을 들
여다보는 눈의 명징이 필요하다. 이러한 눈의 명징은 사회를 보
는 눈 그리고 읽어 내는 안목의 훈련이 일상적 삶을 매개로 끊
임없이 반복되는 과정에서 형성되는 것이 아닐까? 여기에는 사
람들(人)이 만든 글(文)을 읽고, 그들이 만들어 가는 세상사를 읽
어 내고(讀) 그들 사이(間)에서 오고 가는 이야기들을 듣고 조용
히 귀를 기울이면서 겉으로 드러나지 않고 내면적으로 흐르는
목소리를 포착해 내는 힘(聞)이 중요하다고 생각한다.

지식도 우리가 쉽게 접할 수 있는 지식은 전체 지식의 약 20%
이고 나머지 약 80%의 지식은 수면 밑에 잠재되어 있으면서 겉
으로 드러난 지식의 힘을 이면에서 조정하고 통제한다고 한다.
그런데 우리는 겉으로 드러난 20%의 지식 중에서 극히 일부분
을 이해하고 마치 지식의 전부를 손아귀에 쥔 것처럼 날뛰는 경
거망동을 목도할 수 있으며, 그 지식을 습득하는 과정에 80%의
노력과 시간을 투자하는 어리석음 또한 자주 목도된다. 보이지
않는 80%의 지식의 세계에 들어가 살펴보고 파헤쳐 보면서 잿
더미 속의 진주를 찾아내는 노력이 그 어느 때보다도 중요하다.
그래서 보이지 않는 것이 정말 진리라고 믿으며, 그것이 삶을
살아가는 데 더욱 중요한 것임을 스스로도 깨닫고 남들로 하여
금 그렇게 믿게 하는 것이 교육의 힘이 아닐까?

뿔레쉬적 학습과 쥐쌍스적 학습
학습은 근본적인 변화를 동반하는 혁명적인 과정이다

언제나 학습하는 자세, 삶의 구석구석을 관조하면서 일상의 작은 것도 그냥 단순히 넘어가지 않고 그 속에서 무엇인가를 발견해 내고 그들간의 관계를 만들어 내고자 하는 지적 호기심의 정도를 넘어서서 학습광으로 부르고 싶은 연세대 한준상 교수가 최근 또 한권의 역작을 우리들 앞에 보여 주었다. 이름하여 『학습학』이라는 책이다. 이 책이 한 교수의 41번째 책이라고 하니까 정말 대단한 학습열정의 결과라고 하지 않을 수 없다. 책의 목차를 보면 학습에 대한 학습을 하기 위해 얼마나 치열한 지적 고뇌를 하면서 그 동안의 삶의 궤적을 그렸는지 한눈에 직감할 수 있다. 1999년도에 출간한 『호모 에루디티오』라는 저서에 이어서 인간의 학습본능과 본질에 비추어 안드라고지를 재구성하려는 일관된 학문적 집념의 결과라고 생각된다.

이 책에 보면 인간의 학습유형을 다음 두 가지로 대별하고 있다. 뿔레쉬적인 학습은 한마디로 습관적으로 경험하는 배움의 즐거움이나 일상적인 독서학습으로부터 얻을 수 있는 평범한 학습이다. 따라서 뽈레쉬적인 학습은 본래 의도했던 목표를 달성함으로써 맛보는 작은 성취감을 통해서 그 본질이 잘 드러난다.

뽈레쉬적인 학습은 '교육의 질은 교사의 질을 능가할 수 없다' 라는 교육신화에 집착하고 매몰된 나머지, 가르치는 교사·책을 쓴 저자의 절대적 권위에 대한 사회적 합의가 배우는 학습자·책을 읽는 독자의 학습자유를 억제하고 제한하는 데 기여해 온 장본인이다. 교사의 입을 떠난 메시지와 저자의 의도가 활자화된 글은 더 이상 의문의 여지가 없는 절대진리로 학습자와 독자에게 수용되면서 학습자가 해야 될 일은 주어진 의미해석의 범주 내에서 깨달음의 쾌감을 느낄 뿐이다. 따라서 뽈레쉬적인 학습은 학습자의 현존 사고틀이 근본적으로 바뀌지 않은 상태에서 복잡하고 혼돈스러운 사고과정이나 이로 인하여 만들어진 사고양식을 벗어나지 못한다. 항상 조화와 안정을 추구하면서 현실적 안위와 만족에 주저앉아 있음을 느끼지 못한다.

이에 반해서 쥐쌍스적인 학습은 학습자 스스로 기대 그 이상으로 얻을 수 있는 충격적인 감흥이나 지적인 쾌락, 학습에 대한 황홀감, 광적인 도취감 같은 느낌이 동반되는 학습이다. 따라서 학습을 통한 안락함이나 평안함을 추구하기보다는 오히려 기존의 안정적인 틀과 텍스트 문자가 담고 있는 저자의 고정된 의미 덩어리도 산산히 부수어 버리는 과정에서 찾아오는 고도의 지적 희열감과 쾌감을 느낀다.

쥐쌍스적인 학습은 가르치는 사람의 권위, 책을 쓴 저자의 암묵적 권위에도 도전장을 제출하는 예지일탈적 학습에의 열정이다. 누구나 자연스럽게 당연히 받아들여야 하는 의미의 확정성이나 고정성에 정면으로 도전장을 내면서 의미의 반전(反轉)을

거침없이 시도한다. 기존 교육은 쥐쌍스적인 학습을 원천적으로
불가능하게 만드는 가르치는 사람의 절대적인 권위를 암묵적으
로 학습자에게 강요하는 과정에서 교육폭력 아래 주눅든 학습이
가져다 주는 학습의 즐거움은 물론 학습쾌락과 희열을 경험할
수 없게 만드는 과정에서 학습을 통한 적응성의 강화와 학습자
내외적인 변화에 대한 대응능력 신장에 주력한다. 쥐쌍스적인
학습은 이런 틀과 범주를 과감히 벗어나려는 학습자의 학습대상
에 대한 근원적인 학습욕망(學習慾望)의 표현이자 학습의 궁극적
인 지향점을 향해 달려가는 구도자적 학습희구(學習喜懼)라고 볼
수 있다.

쥐쌍스적인 학습은 저자불패, 교사불패라는 신화적 사고방식
을 산산히 깨부수고 신성시되었던 저자와 교사의 절대권위에 학
습이라는 여정을 통해 그들의 보유지식은 특정 상황 속에서만
효용가치와 의미를 지닐 수 있다는 일리로 만들어 버린다. 그리
고 저자와 교사는 언제나 개방적인 자세로 그 어떠한 지적 도전
도 기탄없이 받아들일 수 있는 수용적 자세를 지니고 있다. 따
라서 쥐쌍스적인 학습은 '죽은 학습자의 사회'를 복권하려는 일
종의 비폭력적 저항운동의 성격을 지닌다.

이제까지 지식이라는 이름의 진리와 이를 통해 포장된 껍데기
옷을 입은 가식적 권위는 언제나 늘 거기서 상대적 우위에 놓여
있지 않고 늘 학습자의 자율권에 기반한 지속적인 학습여정 속
에서 끊임없이 해체되고 재구성되는 과정을 통해 또는 쌍방 간
의 지속적인 논의와 대화를 통해서 점검당하고 새롭게 재구축되
는 과정을 거칠 수밖에 없다. 이러한 과정을 통해서 '제대로 된
학습은 지워 내기를 통한 지혜확장의 과정'임을 인정하게 되는

것이다. 당연하다고 생각했던 고착화된 사고의 틀과 내용을 지
워 내고 새로운 학습의 결과로 지식의 향기를 채워 나가는 과
정, 그래서 끝이 없으면서도 결코 멈출 수 없는 무한궤도의 학
습여정에 더욱 가열차게 뛰어드는 자기모순을 알면서도 인정하
게 되는 것이다. 이제 그 어떤 외압으로도 멈출 수 없게 된 학습
하는 삶을 멈추게 할 수 있는 유일한 동인은 학습에 대한 자기
성찰의 과정 속에 찾아드는 순간적인 깨달음과 통찰의 경험을
정리해 내는 그 순간일 뿐이다. 그 순간이 끝나면 불나비가 무
모한 짓인 줄 알면서도 불에 뛰어들 듯 자기 자신과의 약속이기
에 할 수밖에 없는 그런 일이 학습으로 자리매김을 하게 되는
것이 아닐까?

　"학습학이라고 했을 때 익힘(習)을 가운데 두고 양 날개에 배움(學)
이라는 두 단어를 포위하다시피 배열된 모습, 그래서 배우고 익히며
또다시 배우며 실천하는 활동으로서의 학습학이라는 배열이 나를 사
로잡았던 것도 사실이었다."[1]

---

1) 한준상(2001), 『학습학』, 서울: 학지사.

앎, 삶, 그리고 옳음
학습은 삶의 과정에서 앎과 옳음이 모두 승리하는 과정이다

앎의 세계는 삶의 세계와 어떤 관계를 맺고 있을까? 무엇인가를 끊임없이 알고자 하는 인간의 지적 호기심은 앎의 여정을 끝이 없는 과정으로 만들어 놓았다. 하나의 진리(眞理)를 발견하는 순간 또 다른 진리에 의해 전복당하고 전복시킨 진리는 또 다른 진리에 의해 압도당하는 순환적 과정이 되풀이된다. 그래서 영원한 절대진리의 존재가 부정되기에 이르렀다. 오로지 그 순간만 진리행세를 하는 일리(一理)가 설득력을 갖게 되었다. 진리는 무너지기 위해서 존재한다는 말도 있다. 무너지지 않는 보편타당한 진리라고 우겨봐야 무리(無理)[1]일 수밖에 없다. 어거지 진리는 일정기간 동안 호평을 받을 수 있지만 진리의 허구성이 폭로됨으로써 진리에서 갑자기 무리로 전락하게 된다.

우리네 삶의 과정은 일리를 발견하는 부단한 앎의 과정이라고

---

1) 김영인(1998), 『진리일리무리』에서 소재를 얻었음을 밝혀 둠.

볼 수 있다. 일리를 발견하는 순간 또 다른 일리가 이전의 일리가 지니고 있는 문제점과 한계 그리고 때로는 그 허구성을 신랄하게 비판하고 공략한다. 특정 시점의 일리가 한순간 진리인 양 우겨대지만 누군가가 또 다른 일리를 들고 나와 한 시대를 풍미했던 일리를 사정없이 공략한다. 따라서 우리가 살아가는 삶의 과정은 일리와 일리가 부단히 투쟁하는 격전의 과정이기도 하다. 따라서 삶의 과정은 부단한 일리의 배움의 과정이다. 배움의 과정이 종식된다는 얘기는 곧 삶의 종말을 의미한다.

한편 삶의 세계 속에서 차지하는 옳음은 삶의 방향성을 제시해 주는 횃불이다. 횃불이 꺼지면 횃불로서의 기능이 상실될 뿐만 아니라 횃불을 따르는 사람들에게 어둠이라는 절망을 줄 수 있다. 옳음이 첨가되지 않은 삶은 무의미하며 무가치하다.

인간은 기본적으로 의미를 추구하는 사람이며 사람이 살아가는 삶의 세계가 의미해석 과정이라면 그 의미해석의 기준은 옳음이어야 한다. 사람은 의미를 주고받으며 의미를 형성해 나가면서 삶을 구성해 나간다. 무엇이 유의미한 삶인지의 여부는 자신이 구성한 의미 구성체가 옳음의 기준에 비추어 정당한 힘을 가질 때라고 볼 수 있다.

옳음을 추구하는 의미구성 과정으로서의 삶의 세계는 앎의 과정을 통해 더욱 가치롭게 다가선다. 앎과 삶에 옳음이 가미되지 않는다면 모두 무가치, 무의미하다. 따라서 옳음은 앎과 삶의 방향타이고, 관제탑이며, 지향점이다. '왜 알려고 하는가?', '왜 사는가?'는 모두 옳음의 세계를 지향하는 내에서만 정당화될 수 있다. 일리를 추구하는 앎의 과정이 삶이고 삶의 과정은 옳음을 지향하는 과정이라면 결국 앎과 삶 그리고 옳음은 떼려야 뗄 수 없는 불가분의 관계에 놓여 있다. 옳음이 실종된 앎과 삶은 본질적 가치를 잃어 버리고 만다. 앎의 궁극적 지향점은 옳음이지만 앎이 삶 속에서 이루어지는 삶의 또 다른 양태라고 한다면 결국 옳음은 삶의 빛이요 소금역할을 한다. 바로 이점에서 옳음은 앎과 삶의 궁극적 지향점이자 앎과 삶의 과정에서 다가오는 수많은 유혹의 손을 떨쳐 버릴 수 있는 힘의 원천이다.

앎의 결과 옳음의 기준이 바뀔 수 있다. 삶의 결과 또한 이전에 옳다라고 생각했던 가치판단 기준이 변화될 수 있다. 옳음의 기준도 일리이기 때문이다. 그러나 옳고 그른지의 여부는 전적으로 그 시대적 상황 속에서 살아가는 사람들의 공통된 합의에 따라 결정된다. 따라서 절대적으로 보편타당한 진리로서의 옳음을 추구하는 이상은 허상에 불과하다.

사회적 합의에 따르는 맥락구속적 옳음의 기준은 부단한 앎의 과정을 통해서 끊임없이 전복되고 수정되며 보완된다. 전혀 다른 옳음의 기준이 앎과 삶의 과정을 통해서 만들어질 수 있다. 따라서 옳음의 기준은 앎과 삶을 구속하는 기제로서 작용하지만 앎과 삶의 과정을 통해서 옳음의 기준이 바뀔 수 있다는 사실에 비추어 볼 때 옳음은 앎과 삶의 영향을 받는다.

배움은 '길'이며 앎은 '빛'이다

학습은 영원히 끝이 없는 길을 찾아 나서는 과정인 동시에
앎의 빛을 찾아 떠나는 과정이다

다음 글은 박이문 교수의 『나의 출가: 영원한 물음』이라는
책을 읽고 느낀 점을 쓴 것이다. 백발이 허연 노교수의 무한한
지적 호기심과 모든 것을 투명하게 밝히려는 탐구욕에 젖어, 한
순간도 그냥 가만히 앉아서 보내는 시간이 아깝다고 어쩔 줄 몰
라 하는 그분의 모습에서 많은 것을 배울 수 있었다. 엄청난 책
을 읽고 수많은 사람들을 만나서 지적 대화를 나눴고 방대한 연
구저서와 논문을 발표했으며, 수많은 사람들을 가르쳐 왔지만
여전히 확실히 아는 것이 없어 앞으로도 더욱 치열한 앎에의 행
진을 하겠다는 노교수의 뜨거운 정열이 부럽다.

현대인들은 배움에의 길을 너무나 쉽게 포기하고 있다. 배움
을 통한 진리발견과 발견된 진리를 붙잡고 기뻐하는 즐거움의
맛을 잃어 버린 것 같다. 여기서 말하는 진리는 발견한 순간 진
리가 아닌 것으로 전락할 가능성도 많지만 그 진리를 발견하기
까지의 자신이 투자한 시간과 노력과 고뇌에 비추어 보면 참으
로 의미심장하다. 얼마나 처절하게 붙잡고 고민했으며 복잡한

변수들 간에 놓여 있는 수많은 관계의 본질을 얼마나 깊이 있고 넓게 보려고 노력했느냐에 인식의 대상이 나에게 다가오는 정도와 수준이 달라질 수밖에 없다. 인식대상에 대한 완벽한 이해가 과학적 방법을 통해서 가능하다고 생각하지만 과학적 방법의 한계와 인식주체의 불완전성으로 인하여 인식대상은 영원히 그 정체가 완벽히 밝혀질 수 없다. 다만 얼마나 근접된 이해가 가능하냐의 여부가 관심의 초점이다.

하나를 알았다고 생각하면 이제까지 아무런 문제의식 없이 거의 무의식적으로 당연히 그렇다고 생각했던 대상이 경외의 대상, 심각한 문제의 소지가 있는 것으로 파악되기 시작한다. 그게 궁금해서 또다시 다른 일면을 보기도 하고 그 일면과 관계있는 또 다른 분야로 파고 들어간다. 파고 들어가다가 바위와 같은 장애물을 만나면 우회해서 측면 공격을 하기도 한다. 측면을 통해 중심부에 도달하면 많은 것이 해결될 것처럼 보이다가도 또 다른 미궁에 빠지기 시작한다. 아무리 노력해도 도저히 그 끝이 보이지 않을 것 같다. 영원히 도달할 수 없는 불가능의 길처럼 보인다. 그러나 그러면 그럴수록 그 실체를 파악하려는 인간의 지적 호기심은 더욱 강렬하게 발동되고 탐구욕은 그칠 줄 모른다. 크게 좌절하고 만신창이가 된 몸과 마음을 툭툭 털면서 다시 일어서서 미지의 끝없는 배움에의 길을 향해 또다시 신발끈을 조여 매고 마음을 다시 추스린다.

모든 것이 확실하고 모든 것이 다 달성가능한 꿈이라고 생각되면 앎에의 여정은 오히려 단조롭고 정말 재미없을 것이다. 오히려 알 것 같지만 가까이 가 보면 더욱 모르는 것 같고, 확실하다고 생각해서 도달해 보았지만 더욱 불확실하고 불투명해 보이며, 이제까지 알고 있다고 생각하는 것조차 완전히 미궁에 빠지기 시작하면서 희미한 안개 속에 쌓여 있는 답답하기 그지 없는 불확실성의 세계가 아닐까? 차라리 앎에의 행진과 여정을 포기하고 배불리 먹고 기본적인 생리적 욕구나 채워 가면서 한세상 탐욕으로 얼룩지는 생활을 할 수도 있다.

인간이 이러한 생활과 거리가 먼 또 다른 세계를 추구하는 것은 배부른 돼지보다는 배고픈 소크라테스가 되기를 바라는 데에 있으며 배고픈 동물이 먹을 것을 찾아 배회하기보다는 머리고픈 인식주체가 지적 호기심을 충족시키기 위해 끝이 없는 앎의 여정으로 향하고 있기 때문일 것이다.

데카르트는 몸과 마음을 분리시켜 "나는 생각한다. 고로 존재한다"라는 말을 남겼다. 앎의 과정은 오히려 박이문 교수가 갈파한 "나는 고뇌한다. 고로 존재한다"라는 말이 더 어울릴 것이다. 왜냐하면 앎의 과정은 모든 것이 고뇌의 과정이며 고뇌의 과정을 통해 축적된 앎의 결과가 지속되는 기간이 일정하지 않지만 그래도 잠정기간이나마 배움의 길에 빛을 줄 수 있기 때문이다. 그 빛의 발견이야말로 배움에의 길에 접어든 사람들이 잠시나마 맛보는 지적 희열이자 앞으로 전개되는 배움의 길에 나타날지 모르는 불안을 해소시켜 주는 기폭제라고 볼 수 있다. 그 빛은 일종의 마약과도 같아서 비록 잠시 순간적으로 명멸한다고 할지라도 그 빛을 찾아 또다시 배움의 길에 뛰어드는 것이다. 모든 앎의 대상이 불확실하기에 확실하게 알려는 것이 불가능한 꿈인것을 알면서도 확실한 앎을 추구하는 인간들의 배움에의 길은 앞으로도 계속될 것이다.

안과 밖의 세계탐구와 학습

학습은 바깥에서 안쪽 쳐다보기와 안쪽에서 바깥 내다보기를
동시에 추구하는 과정이다

사물을 바라보는 방식에는 크게 두 가지로 대별해서 생각해
볼 수 있다. 하나는 타인의 관점에서 자신의 입장을 바라보는
것이고, 다른 하나는 자신의 입장에서 다른 사람들의 관점을 바
라보는 것이다. 전자는 자신의 주장이 근거하고 있는 관점의 타
당성을 자신이 기초하고 있는 논리적 근거와 주관적 판단기준에
비추어 이해하고 해석하기 이전에 다양한 타인의 의견에 귀기울
이면서 자신의 주장이 위치하고 있는 주장의 논리적 근거와 실
제적 효용성이 과연 다른 사람의 입장에서도 여전히 유효한지를
생각하는 접근방법이다. 이에 반해서 후자는 암암리에 자신이
옳다라고 생각하는 관점에 비추어 바깥세상을 이해하고 해석하
는 방식이다. 따라서 자신이 논리적으로 근거하고 있는 특정 입
장과 관점에 비추어 특정 입장과 관점이 지니고 있는 주장의 타
당성, 효용성, 실제적 적용가능성을 판단하기 때문에 독단적일
가능성이 농후하다.

어떤 사실이나 문제를 이해하는 과정에서 범할 수 있는 오류

중에 가장 흔히 범할 수 있는 오류는 주어진 단편적이고 편협적인 사실에 너무 집착한 나머지 주어진 사실이 다른 사실과 어떤 관계를 맺고 있으며, 왜 그 사실이 주어진 맥락 속에서 문제를 가질 수밖에 없는지를 이해하지 못하는 한계에서 비롯된다. 지금 발생하고 있는 현실적인 사태나 현상을 제대로 이해하기 위해서는 주어진 사태나 현상을 자기중심적으로 해석하는 것을 피하고 다른 사람들의 이해나 해석의 폭넓은 관계망 속에서 파악할 필요가 있다. 보다 폭넓은 시각과 관점에 비추어 주어진 현실이나 맥락이 주는 의미심장함을 다른 시각과 관점에 비추어 관계론적 의미를 포착할 필요가 있다. 한마디로 개별적 주장의 효용성을 조목조목 따지기 이전에 개별적 주장의 타당성을 다른 주장이 내포하고 있는 내재적 가치에 비추어 판단할 필요가 있다는 점이다. 숲 속의 나무가 나무로서 의미를 지니는 이유는 전체적인 숲 속에서 특정 나무가 지니는 의미론적 관계망을 포착했기 때문이다.

바깥에서 안을 들여다보는 것과 안에서 바깥을 내다보는 것과는 어떤 차이가 있을까? 우선 바깥에서 안을 들여다보는 것은 주어진 틈바구니를 벗어나 보다 자유롭게 제삼자의 입장에서 주어진 현실을 들여다보는 일이기 때문에 자칫 범하기 쉬운 터널 비전이 갖는 한계와 문제점을 극복할 수 있다. 바깥에서 안쪽을 들여다보기 때문에 안쪽에서 발생하는 다양한 현상이나 사태를 보다 거시적으로 다른 현상과 사태와의 관련성을 고려한 상태에서 판단할 수 있는 안목을 제공해 줄 수 있다. 나아가 바깥에서 안으로의 접근논리로 인하여 거시적인 시각에서 미시적인 것을 바라볼 수 있는 안목을 제공해 줄 수 있다. 즉 낱낱의 사물에 우선 주목함으로써 발생하는 시야의 편협함을 극복하고 낱낱의 사물이나 현상이 전체적으로 다른 사물이나 현상과 어떤 관계를 맺고 있으며, 맺을 수 있는지를 파악할 수 있는 시각을 제공해 줄 수 있다. 카메라 렌즈로 비유하여 이해하면 소위 'Zoom In' 의 대상설정 방법과 일맥상통한다.

이에 반해서 'Inside Out' 즉, 안에서 바깥을 내다보는 방법은 주어진 틀 안에서 바깥 세상을 구경하는 접근방법이다. 플라톤 (Platon)의 유명한 동굴 속의 사람들이 동굴 밖을 바라보는 사고방식이다. 따라서 'Inside Out' 의 사물이나 현상인식 기반은 인식주체가 보유하고 있는 관점에 비추어 바깥 세상의 다른 사물이나 현상을 이해하고 해석하는 방식이다.

자신의 관점과 의견이 바깥 세상의 사물이나 현상을 이해하고 해석하는 토대역할을 하기에 자의적이고 독단과 편견에 빠질 가능성이 높다. 이미 나름대로 성립된 가치판단 기준이나 관점에 비추어 다른 것을 자기 기준에 비추어 이해하고 해석하기 때문에 그만큼 이해와 해석의 주관성이 높으며, 오류 또는 오해의 가능성이 높고, 바깥 세상에 존재하는 다른 사람의 주장과 의견과 대립될 가능성이 높다. 소위 좌정관천, 즉 우물 안의 개구리식 관점의 일관된 주장을 통해 세계에 대한 자의적 해석으로 인하여 독단과 편견에 사로잡히기 쉽다.

밖에서 안을 들여다보는 일과 안에서 바깥을 내다보는 일은 나름대로의 가치와 의미가 있지만 중요한 점은 자기 주장이나 관점에 지나치게 의존함으로써 나타날 수 있는 주장의 폐쇄성과 아집이다. 내가 생각하는 것이 곧 진리요, 길이라는 발상을 하루 빨리 깨는 일이 무엇보다도 중요하다. 나의 생각, 나의 관점을 토대로 상대방의 생각과 관점이 지니는 주장의 설득력을 믿을 것이냐 아니면 다양할 수밖에 없는 타인의 다양한 관점과 주장에 비추어 나의 논점과 주장이 보유하고 있는 설득력을 평가 판단할 것인가? 어느 한쪽에 치중하여 주장의 설득력을 확보하기보다는 양자 간의 호혜적 통합작용을 통해 형성된 즉, 양자 간의 선순환적 관계를 통해 새롭게 형성된 주장이 논리적 타당성과 실제적 유용성이 보다 높게 유지될 수 있지 않을까? 단순한 역지사지의 입장으로 타인의 입장을 이해하는 수준을 넘어서는 노력은 무엇일까? 과연 그런 방법은 존재하는 것일까?

계획(Plan), 계획수립과정(Planning), 그리고 학습(Learning)

학습은 수립한 결과로서의 계획(Plan)이 아니라 끊임없이 수정될 수밖에 없는 과정(Planning)으로서의 계획을 만들어 가는 과정이다

흔히, 계획은 불확실한 미래를 준비하기 위한 준비활동이다. 즉, 본격적인 활동이 전개되기 이전에 무엇인가를 준비한 다음, 준비된 그 무엇에 따라 일사분란하게 실천으로 옮기기 위한 사전 각본이다. 계획에 대한 이러한 발상은 경험해보지 못한 미래 세계에 어떤 일이 일어날지를 정확하게 예측, 예언해서 어떤 행동을 취할 수 있을 것인지를 사전에 결정할 수 있다는 기본 가정에 근거하고 있다. 철저한 결정론, 예언 가능성, 확실성 등을 토대로 이루어지는 계획이다. 이러한 계획관을 명사(noun)로서의 계획 또는 결과로서의 계획(plan)이라고 부른다. 명사로서의 계획은 계획수립 과정보다는 수립된 결과로서의 계획에 보다 많은 의미를 부여하는 계획관이다. 일단 계획수립이 완료됨과 동시에 계획수립 과정에 관여했던 사람들의 사고 과정도 멈춘다. 더 이상 계획수립을 위해 고민할 필요가 없다. 수립된 계획을 실행하기만 하면 된다. 따라서 수립된 계획은 어떻게 해서든지 끝까지 실천해야 되는 난공불락의 대상이다. 이러한 계획관은

주변 상황변화에 아랑곳하지 않고 초기에 수립된 계획을 어느 정도 완벽하게 실행하느냐로 평가받는다.

명사로서의 계획관에 대조되는 입장이 동사(verb)로서의 계획 관 또는 과정으로서의 계획(planning)이다. 동사로서의 계획관은 초기에 수립된 계획은 얼마든지 주변상황 변화에 따라 수정보완 이 가능함을 전제로 하고 있으며, 또 그렇게 해야 된다는 점을 강조한다. 따라서 동사로서의 계획관은 수립된 결과로서의 계획 이 갖는 계획자체의 품질수준이 중요한 것이 아니라 계획수립 과정에서 발생하는 예기치 않은 돌발변수에 얼마나 유연하게 대 응하면서 계획을 지속적으로 수정보완해 나가느냐에 달려 있다. 일단 수립된 계획일지라도 주변환경 변화에 따라 전면적인 수정 이 불가피함을 인정하는 것이며, 이러한 계획관은 미래에 어떤 예기치 않은 일이 발생할지를 초기에 정확하게 예측할 수 없다 는 가정에 근거하고 있다. 즉 비결정론, 불확실성, 융통성 등이 중요한 가치판단 기준으로 부각된다. 상황적 변수에 따라 가변 적인 계획을 수립하고 수립된 계획에 따라 실천하면서 계획을 수정하는 일명 동시다발적 계획관(concurrent planning)이다.

동사로서의 계획관은 생각한 다음 모종의 계획을 수립한 후 이에 따라 일사분란한 행동을 하는 것이 아니라 생각하면서 행 동하고 행동하면서 생각하는 생각과 행동의 병렬적 추진을 지향 한다.

명사로서의 계획은 계획과 실행의 철저한 이원론적 분리를 중 시한다. 즉, 계획을 수립하는 부서와 수립된 계획을 실행하는 부서 간의 역할과 책임의 엄격한 이원분립을 중시한다. 따라서 소위 전략기획부서는 다가오는 환경변화를 정확히 예측해서 이

에 대비하는 중장기 마스터 플랜 또는 발전계획 수립에 골몰한
다. 수립된 중장기 발전계획은 실행부서로 넘겨지면서 전략기획
부서는 또 다른 계획수립에 몰두하는 악순환의 사이클을 밟게
된다. 중장기 계획수립 그 자체가 전략기획부서의 업무실적으로
인정된다. 계획의 궁극적 가치는 수립된 계획의 실천현장 적용
가능성으로 판별된다고 볼 때 아무리 뛰어난 계획이라고 할지라
도 실제로 실행되어 모종의 가치를 창출하지 못한다면 무용지물
이다. 우리 주변에는 수많은 계획을 담은 보고서가 난무하고 있
지만 실행의 기회조차 갖지 못하고 사장되는 계획들을 수없이
발견할 수 있다.

동사로서의 계획은 계획과 실행이 따로 떨어져서 독립적인 기
능을 수행하는 것을 부적절하다고 판단해서 계획과 실행부서를
따로 분리시키지 않는다. 소위 '책상 기획관'을 철저하게 부정
한다. 현실적 가변성을 무시한 채 책상에 앉아서 현실을 어깨
너머로 바라보면서 자의적으로 계획을 수립하기보다는 직접 현
실에 뛰어들어 몸으로 느끼면서 계획을 수립하고 실천한다. 말
로만 계획을 운운하고 실천하지 않는 죽은 지식인이 아니라 지
금까지 수집된 데이터와 정보를 토대로 대충 계획을 수립한 다
음, 그러나 궁극적 지향점과 방향감각은 명심한 채, 격전의 현장
으로 과감하게 뛰어든다. 격전의 현장에 뛰어들고 나면 초기 계
획이 얼마나 무모하고 허술했으며, 어리석고 어처구니 없는 현
실을 외면한 계획이었는지를 뼈저리게 느낄 것이다.

전통적으로 교육공학은 철저하게 명사로서의 계획관에 근거하
고 있다. 예를 들면, 수업체제설계 과정에서 초기에 수립된 요
구에 근거해서 문제를 규명하고 이를 해결할 수 있는 수단과 방

법을 설계하고 개발하며 실행하고 평가하는 일련의 선형적, 단계적, 절차적, 컴퓨터 알고리즘적 논리를 따른다. 철저하게 계획 우선-실행후속주의에 해당된다. 요구는 수시로 바뀔 수 있으며, 문제상황 속에 문제의 본질적 성격도 초기에 완벽하게 규명되기 어렵고 극단적으로는 불가능에 가깝다. 점차 상황의 복잡성과 애매모호성 그리고 역동성이 가중되면서 초기 문제의 완벽한 규명은 점점 불가능에 가까운 허상, 환상, 망상으로 이해된다. 문제를 규명하는 와중에도 계속 문제는 발생하며, 규명된 문제의 해결 우선순위도 지속적으로 바뀐다. 따라서 명사 또는 결과로서의 계획관이 지향하는 이상은 현실적으로 달성하기 어려운 꿈에 가깝다.

여러분은 어떤 계획관을 갖고 있는가? 혹시 여러분은 실천하지도 않을 너무도 완벽하고 거창한 계획을 하루에도 몇 번씩 세우고 있지는 않은가? 해 보지도 않고 맨날 계획수립에 장구한 시간을 허비하면서 늘 비슷한 고민만 하는 아류에서 벗어나 허술한 계획이지만 작은 실천을 통해서 의미와 가치를 창출하고 그렇게 함으로써 실천의 누적적, 기하급수적 가치를 활용하는 일류들의 여유로움을 사랑하자. 이제 어떤 고민을 할 것인지에 계획을 수립하는 어리석음에서 하루빨리 벗어나도록 하자.

Plan보다는 Planning에서 학습은 더 많이, 더 의미있게 발생한다. 우여곡절과 다양성 그리고 역동성 속에서 불확실한 미래를 지향하는 가운데 벌어지는 돌발변수들을 대처하면서 엄청난 학습이 발생한다. 초기에 수립된 계획을 단순히 실행하는 과정에서는 단순히 각본대로 움직이는 기능인만이 양성될 뿐, 근본적인 생각의 변화를 유발하는 학습은 발생하지 않는다. 인생은 사전에 수립된 계획대로 이루어지지 않는 경우가 더 많다. 늘 우리는 사전에 어떤 돌발변수가 발생할지를 철저하게 예언한 결과를 집대성한 메뉴얼에 의존해서 살아갈 수 없다. 메뉴얼에 표기되어 있지 않은 너무나 다양하고 이상한 현상이 수시로 신출귀몰하는 상황에서 우리에게 요구되는 것은 상황적 융통성과 즉흥적 임기응변력, 이를 통한 학습결과의 부단한 재해석 그리고 그 결과를 상황적 맥락 속에서 의미를 부여하고 후속되는 실천의 방향성을 포착, 과감하게 추진하는 과정이다.

일류들은 동사로서의 계획관, 과정으로서의 계획관을 사랑한다. 동사로서의 계획관은 한 번 수립한 계획을 수시로 변덕스럽게 바꾸는 '작심삼일형 계획'과는 구분되어야 한다. 동사로서의 계획관이 일상적 삶에 시사하는 점은 완벽한 계획을 수립하고 계획수립에 너무 몰두한 나머지 완전히 전의와 기력을 상실 또는 소진당한 다음 실행과정에서 맥을 못추기보다는 작은 실천을 유도·유발할 수 있는 소박한 계획을 수립하고, 이를 직접 실천하면서 창발 또는 돌발하는 변수들을 수용, 초기계획을 자기 이상과 매칭시켜 나가는 데에 있다.

진정한 비판과 앎의 세계
학습은 비판적 논의의 과정을 통해 함께 깨닫는 과정이다

"**진**정한 비판이란 이처럼 그 당사자를 화나게 하지 않고 부끄럽게 하는 것이다. 슬프게 하지 않고 아프게 하는 것이다."[1] 비판의 진정한 모습을 잘 지적해 주고 있는 말이다. 우리 사회에 건전한 비판문화가 조성되지 않는 가장 큰 이유 중의 하나는 비판을 감정적 비난으로 이해하고 비판하는 사람과 비판받는 사람 간에 서로 헐뜯기 일변도로 진행되기 때문이다. 헐뜯기는 서로가 슬프고 아픈 게임을 끝까지 하는 것이다. 아픈 상처는 골이 깊어져 쉽게 아물지 않고 이를 회복하기 위해서는 많은 시간이 흘러야 된다. 더욱이 이런 비판의 과정은 누가 보아도 뻔히 알 만한 얘기임에도 불구하고 끝까지 자기 고집을 부리면서 감정싸움으로 번지고 마는 웃지 못할 모습이 곳곳에서 벌어지는 것을 목격하노라면 서글퍼진다.

---

1) 김미현, 〈동아일보〉, 2000. 11. 29일자, '수요 프리즘'에서.

비판은 남의 약점을 꼬집어서 상대방의 감정을 상하게 하는 데 있지 않고 남의 한계와 문제점을 지적하여 더욱 발전된 모습으로 나아가게 하는 데 있다. 학술적 담론이 오고 가는 과정에서 상대방의 논리적 허점과 한계를 지적해 주고 스스로 인정할 수 있도록 도와 주는 과정이 비판의 과정이다. 비판은 함께 나누어 먹는 빵의 역할을 해야 한다. 비난의 독침을 날려 상대방에게 회복할 수 없는 상처를 주기보다는 지금 당장은 자신의 입장의 한계나 문제점을 인정함으로써 찾아오는 아픈 체험이지만 결국 아픈 상처가 아물면서 더욱 견고해지는 자신의 이론적 입장의 아름다운 미래를 생각해 볼 일이다. 과연 우리 사회에 이런 비판의 빵들이 오고 가는 진지한 대화의 장면을 언제나 볼 수 있을까?

마키야벨리의 『군주론』2)에 보면 '태양은 하나' 라는 말이 나온다. 잠자는 호랑이의 코털을 건드렸다가 호되게 꾸짖음을 당하고 엄청난 공격을 당하면서 유혈이 낭자한 장면을 연상해 본다. 태양은 하나임에도 불구하고 여러 가지 유형의 독특한 강점을 지니고 있는 태양이 있다고 주장하면 태양은 하나뿐이라고 굳게 믿고 있는 태양에게 정면으로 공격하는 꼴이 되고 마는 셈이다. 마키야벨리는 잠자는 호랑이의 코털을 건드리지 말며, 하나뿐인 태양 주위에서 자기 주장을 과시하듯이 펼치지 말라고 충고한다. 이 말은 늘 전제군주의 말은 항상 옳은 것이며 그 앞에서는 늘 자기 목소리를 높여 주장하지 말라는 말로 해석된다. 한국

---

2) 강정민 옮김(1994), 『군주론』, 서울: 까치글방.

사회에서 이루어지는 학문적 풍토를 빗대어 지적해 주는 마키야
벨리의 지적 통찰이라고나 할까?

자기 주장의 타당성을 지위와 권위 그리고 경험과 연륜에서
확보할 것이 아니라 주장의 논리적 정치성과 현실적 적실성, 주
관 및 논점의 일관성에서 찾아야 할 것이다. 이를 공격하는 사
람도 비판의 빵을 나누어 주면서 그 주장의 허점을 일깨워 주고
한계와 문제점을 지적함으로써 더욱 성숙할 수 있도록 배려해
주는 따뜻한 가슴이 동반되지 않는 한 늘 감정싸움으로 인한 기
분 나쁨으로 종결되지 않을까? 이로 인해 쌍방 간에 돌이킬 수
없는 나쁜 감정의 골이 깊이 패여 얼굴을 마주치기조차 꺼리는
상태로 반전되어서는 안 될 것이다.

내 주장의 권위를 앞세우기 이전에 그리고 내 주장을 비판하
는 것 자체를 비난하고 기분나빠 하기 이전에 왜 상대방이 나의
주장에 문제를 제기하는 것이며, 그 주장의 핵심에 비추어 볼
때 내가 고쳐야 될 점이 무엇인지를 스스로 간파하는 겸허한 자
세와 노력이 요구된다. 내가 미처 생각하지 못한 주장의 허점을
간파할 수 있으며 특정 분야에 나보다 더 설득력 있는 논리와
현실적 체험에 근거한 주장의 타당성을 확보할 수 있다는 가능
성을 인정하는 겸허한 자세와 노력이 절실히 요청된다.

214

피드백의 유형과 학습, 그리고 삶의 목표
학습은 기존 틀을 벗어나 새로운 세계를 지향하는
예지일탈의 과정이다

피드백(feedback)을 우리말로 굳이 번역하자면 되먹임이다.
되받아서 먹이는 것이다. 받아서 뒤로(back) 먹이(feed)는 목적은
특정 시스템이 본래 목적 또는 목표로부터 벗어나기 때문에 다
시 목적과 목표를 달성하는 정상궤도로 진입시키기 위해서다.
여기서 말하는 정상궤도란 사전에 설정한 목표를 달성하는 최단
거리로 통하는 최적의 방법이다. 이 정상궤도로부터 이탈한 어
떠한 행동도 다시 원대복귀(原隊復歸)해야 되는 운명을 갖고 있
다. 즉, 목적과 목표로부터 이탈되는 행동은 병적이고 나쁜 것
이고, 비효율을 조장하는 원흉이자 장본인(張本人)이기에 가능하
면 빠른 시간 내에 이를 제거하거나 최소화시키는 모종의 조치
가 필요한 것이다. 여기서 말하는 모종의 조치가 소위 부정적
피드백(negative feedback)이다. 이러한 맥락에서 본래 피드백은
부정적 피드백의 속성과 이상을 그대로 반영하고 있다고 볼 수
있다. 즉, 피드백은 목적과 목표로부터 이탈되는 행동 또는 목
적과 목표달성 과정을 방해하거나 효율을 저해 또는 격감시키는

활동을 다시 목적과 목표달성 과정을 촉진하거나 모종의 도움이
될 수 있도록 되먹임을 하는 조치를 의미했다. 그래서 피드백
개념은 사전에 명세화된 목표와 비교해서 이를 일탈하는 행동을
수정·보완하여 모든 활동이 목표를 향해 일사분란하게 이루어
지도록 하는 데 그 목적이 있다.

　부정적 피드백의 목적은 한마디로 시스템의 안정과 조화 그리
고 질서 또는 균형유지에 있다. 부정적 피드백은 시스템이 추구
하는 궁극적인 목적과 목표를 달성하는 과정에 방해 또는 저해
되는 요인들을 미연에 방지하거나 제거할 뿐만 아니라 목적과
목표로부터 이탈되는 모든 행동, 현상, 활동을 빠른 시간 내에 정
상적인 궤도에 진입할 수 있도록 조치함으로써 시스템이 본래
의도하고 있는 목표달성 과정을 촉진시켜 주는 데 목적이 있다.
따라서 시스템에 혼돈과 무질서가 일어나는 것 자체를 시스템
목적달성 과정에 역기능적으로 작용하는 원흉으로 간주해 버린
다. 균형이 깨지면 심각한 문제가 발생한 것으로 간주하고 가능
하면 빠른 시간 내에 균형이 회복될 수 있도록 모든 수단과 방법
을 동원한다. 이러한 부정적 피드백은 빠른 시간 내에 시스템의
균형과 안정을 회복하는 데 주 목적이 있으므로 평형 또는 안정
지향적 피드백이라고도 한다. 부정적 피드백은 목표중심적, 효율
성 극대화를 추구하는 데 관여하는 통제기제라고 볼 수 있다.

　이에 반해서 적극적 피드백(positive feedback)은 혼돈과 무질
서, 균형의 깨짐을 시스템이 발전하기 위한 필수적인 기제로 이
해한다. 질서와 안정 그리고 균형은 해당 시스템이 혼돈과 무질
서 그리고 불균형의 역동적인 과정을 통해서 나타난 산물로 간
주한다. 즉, 혼돈과 무질서 그리고 불균형은 질서와 안정 그리

고 균형이 이루어지기 위한 필연적인 과정이나 전제조건으로 간주한다. 나아가 시스템이 발전적으로 성장하고 성숙하기 위해서는 반드시 기존 시스템 내부에 혼돈과 무질서, 불균형이라는 일면 역기능적으로 보이는 정상궤도로부터의 이탈된 그 무엇이 반드시 존재해야 된다는 점을 내세운다. 적극적인 피드백 개념에 비추어 볼 때 시스템을 구성하는 요소나 요원들의 실수, 오류 또는 시스템의 비평형상태(disequilibrium)를 체제의 지속적 성장(becomming)에 반드시 필요한 유인체(誘引體, drving forces)나 촉발점(觸發點, triggering point)으로 간주한다.

그러므로 적극적 피드백의 목적은 사전에 결정된 목표달성을 촉진시키기 위해 평형상태를 유지하거나 정보를 통제하는 데 있는 것이 아니라 시스템의 내적 변환(internal transformation) 과정을 통해 시스템의 구조나 기능을 부단히 변화시켜 외적 환경변화에 적응하고, 궁극적으로 시스템 자체의 재창조 과정을 촉진시키는 데 있다. 이런 의미에서 적극적 피드백을 일탈극대화 지향적(逸脫 極大化 指向的) 피드백(deviation amplifying feedback)이라고 한다.

요즘 새로운 경제학 법칙으로 등장하고 있는 수확체증의 법칙에 비추어 적극적 피드백의 본질과 의미를 살펴볼 수도 있다. 수확체증의 법칙은 쓰면 쓸수록 그 가치가 현격히 하락하는 수확체감의 법칙과 달리 쓰면 쓸수록 그 가치가 기하급수적으로 폭증하는 현상을 말한다. 어떤 상품의 가치가 사용하면 사용할수록 현격히 감소하는 것은 그 상품의 희소성 때문에 발생한다. 희소가치가 존재하기에 희소한 상품을 가능하면 적게 쓰고 보관하고 유지해야 그 가치가 현격히 상승한다. 따라서 가능하면 희소가치가 있는 상품을 적게 써서 최대한의 효과를 달성해야 하는 절대절명의 명제가 있는 것이다. 그런데 지식이나 정보는 물질적 자산과는 달리 남과 함께 공유해서 쓰면 쓸수록 그 가치가 폭증한다. 어디 한곳에 머물러 있으면 지식정보의 가치는 현격히 감소한다. 지식정보는 부단히 흘러다니면서 새로운 가치를 창출하는 공공재(公共財)다. 수확체증의 법칙은 적극적 피드백을 통해서 더욱 그 진가를 발휘한다.

네트워크상에 유통되는 작고 보잘것없는 정보가 네트를 타고 흐르면서 엄청난 효과를 발휘하는 소위 '메가폰 효과'를 경험해 본 적이 많을 것이다. 그 작은 정보가 미래 어떤 사태를 일으킬 수 있는 엄청난 아이디어의 원산지로 돌변할지는 아무도 예측할 수 없다. 마치 베이징에서의 나비의 작은 날갯짓이 미국 텍사스주의 어디에선가 엄청난 파괴력을 지닌 폭풍우로 돌변하는 혼돈이론의 '나비효과'처럼 말이다. 비슷한 맥락에서 네트워크의 가치는 네트워크를 사용하는 사용자 수의 제곱에 비례하여 성장한다는 '멧칼프의 법칙(Metcalfe's Law)'도 수확체감의 법칙으로는 설명이 안 되는 기이한 현상이다. 전화에 연결된 사람이나 인터넷에 연결된 사람이 많으면 많을수록 그 가치는 기하급수적으로 상승하다가 임계치를 지나면서 가파른 상승곡선을 그리게 된다.

결국 초기에 거의 미동에 불과한 보잘것없는 가치가 엄청난 파급효과를 일으키기에 작은 미동이 목표로부터 이탈되었다고 무조건 목표를 달성하는 궤도로 반강제적으로 진입시키는 부정적 피드백을 통해 효율과 효과를 극대화시키는 것만이 능사가 아님을 명심해야 될 것이다.

일정기간 동안 달성해야 될 목표를 사전에 분명하게 규명하고 이를 달성하기 위한 혼신의 노력을 다하는 가운데 가능하면 빠른 시간 내에 주어진 목표를 달성하는 효율적이고 효과적인 노력 즉, 부정적 피드백을 통한 목표달성의 극대화를 효율적으로 추구하는 것도 일리가 있다. 하지만 학습이라는 본질적 속성에 비추어 볼 때 언제 어떤 학습이 일어날지 학습활동이 발생하기 이전에 정확히 예언해서 달성할 목표를 명세화하기가 불가능하며 오히려 사전에 설정된 학습목표보다 유의미한 학습목표로서의 가치가 부각될 가능성이 농후하고, 학습활동 도중에 오히려 이러한 활동이 일어날 수 있도록 촉진시키는 즉, 목표로부터의 편차를 극대화시키는 적극적 피드백이 훨씬 학습활동의 역동성을 제고시켜 줄 수 있는 가능성이 많다.

학습은 기본적으로 균형이 깨졌을 때 더욱 활발하게 발생한다. 불균형과 혼돈상태에서 창조적 긴장감이 감돌아야 학습활동이 적극적으로 일어난다. 뇌 속의 인지상태가 편안하고 안정적이며 아무런 불편함이 없다고 한다면 어떤 학습이 발생하겠는가? 배가 고파야 먹을 것을 찾듯이 머리가 고파야 고픈 머리를 채우는 학습활동에 발동이 걸린다는 말이다. 인지적 불협화음이 심하면 심할수록 그만큼 학습활동에 임하는 자세와 노력과 몰입의 강도가 높아진다. 헌신적 몰입이 수반되지 않은 단순한 피상적 참여와 한쪽 다리만 적당히 담그는 관여로는 유의미한 개인적인 학습이 발생하지 않는다. 즉, 자신에게 독특한 의미를 제공해 주는 가치있는 학습이 발생하지 않는다는 것이다. 이러한 맥락에서 인지적 불협화음을 조장하고 머리가 고플 수 있도록 균형을 깨고 혼돈을 조장하는 적극적 피드백의 제공은 학습활동이 적극적으로 일어나도록 하기 위한 필수불가결한 조건임을 알 수 있다.

　이렇게 되면 효율성과 효과성의 극대화를 추구하는 부정적 피드백의 철학을 재고해 볼 필요가 있다. 무엇을 위한 누구를 위한 효율과 효과인지를 비판적으로 재고해 보아야 한다는 점이다. 효율적이고 효과적인 것이 항상 좋은 것이냐의 문제이다. 효율과 효과는 항상 사전에 설정한 목표에 비추어 생각하는 목표중심 사고방식의 산물이다. 그런데 시스템이나 사람은 주어진 목표보다 특정한 활동을 하다보니까 훨씬 가치로운 목표가 예기치 않게 부각될 수 있는 경우의 수가 부지기수로 발생한다. 이러한 맥락에서 오히려 주어진 목표에서 얼마나 벗어나 있느냐가 시스템의 활동을 평가하는 또 다른 기준으로 작용할 수도 있다. 과연 우리는 주어진 목표로부터 이탈하여 전혀 다른 새로운 미지의 세계로 돌입하려는 노력과 시도를 얼마나 많이 해 왔는가? 주어진 목표를 달성하는 피상적 참여의 과정에 너무 익숙해져 있지는 않은가?

거리두기, 분리하기, 격리하기, 그리고 학습
학습은 거리(距離)와 분리(分離)를 통한 격리(隔離)의 과정이다

사실을 제대로 파악하는 방법은 현실 속에 뛰어들어가 그 속에서 도대체 어떤 일이 어떤 방식으로 발생하고 있는지를 가장 가까운 거리(距離)에서 들여다보는 것이다. 들여다보기보다는 때로는 몰입해서 아예 그 상황적 맥락 속에 침잠되어 주도면밀하게 우선은 따져 보고 쪼개 보고 다양한 방식으로 현실을 구성하는 많은 관계들을 파헤쳐 볼 필요가 있다. 이런 방법은 현실을 이해하기 위해서는 현실과 가장 가까운 거리에서 현실을 이해하는 주체의 주관이 현실 속에 몸담고 살아가는 사람들의 주관과 만나는 가운데 현실이 가장 잘 이해될 수 있다는 입장을 취하고 있는 것이다. 현실이해는 현실에서 살아 숨쉬는 언어가 동원되어야 하며 그 언어는 현실의 복잡성을 이해하는 중요한 매개수단이라는 점을 강조한다.

현실 속으로 뛰어들어 현실 속에서 살아가는 사람들과 더불어 호흡을 같이하고 느낌을 공유하면서 자연스럽게 그들의 일상적 삶의 양식에 동화되어 가야 한다는 것이고, 일상적 삶 속에서

벌어지는 다양한 프랙티스 이해가 결정적인 단초를 제공해 준다
는 것이다. 일정한 삶의 양식이 나름대로 의미있음은 그 삶을
만들어 가는 사람들 간에 이어지는 구체적인 대화와 상호작용의
과정이 그대로 녹아 들어 있기 때문이다. 이러한 삶의 결정체는
거기서 일상적 삶을 영위하는 사람들이 매일매일 만들어 가는
구체적인 연습(practice)의 결과다. 따라서 연습(practice)의 과정
과 결과는 현실과 거리를 둔 채 추상언어로 재구성하는 작업이
무의미하다. 추상언어로 재구성하는 작업에서 미미한 일상적 삶
의 의미가 증발해 버리고 거기에 축적된 사람들의 암묵적 노하
우가 정리되지 않고 상당 부분 표면적으로만 표출될 가능성이
많다.

현실과 가장 가까운 거리에서 현실 속의 미시사를 포착하고
그런 미시적 움직임과 삶의 현실들이 어떻게 한 현실에서 살아
움직이며 결국 그런 작은 삶의 현실들이 전체 삶의 현실로 구성
되어 가는지는 그런 삶의 현실들이 역동적으로 얽히고설키는 그
런 현실 세계 속으로 뛰어들어 가는 방법밖에는 없다. 한편 그런
현실 속에 너무 깊게 빠져 버리면 그 현실과 또 다른 현실 간의
관계망 포착이 어려워지는 관계로 때로는 그런 현실에서 벗어나
일정한 거리를 유지하면서 제삼자의 입장에서 관찰대상의 현실
을 객관적으로 바라보는 방법이 필요하다. 현실과 일정한 거리
를 두고 보기와 현실 속에 뛰어들어 가장 가까운 거리에서 현실
을 이해하는 방법이 절묘하게 조화를 이룰 수 있을 것이다.

또 다른 방법은 너무 가까운 거리에서 바라봄으로써 오히려
자기가 들여다보는 세계와 그 세계가 맞물려 돌아감으로써 그
세계가 다른 세계와 전체적으로 어떤 관계를 맺고 있으며, 미세

한 실체나 부분이 전체와 구조적으로 어떤 역학관계 속에서 자신의 기능을 발휘하고 있는지를 간과할 우려가 있다는 한계를 지적한다. 따라서 현실과 일정한 거리를 두고 자신이 몸담고 있었던 현실을 담아내는 언어를 구사하면서 논리적 언어로 추상화시키는 작업을 전개한다. 현실을 담아내는 구체언어가 논리적 추상언어로 전환되면서 더 많은 현실을 설명하고 이해하려는 일반화를 추구하느냐, 일반화시킬 수 있는 설명체계를 얼마나 많이 확보하고 있느냐가 해당 이론의 설명력의 높고 낮음, 이론의 좋고 나쁨을 간파하는 결정적인 바로메타로 간주된다.

이렇게 현실을 이해하게 될 경우 당연히 현실 속의 복잡성과 역동성이 논리적 언어로 가공되고 정제되면서 현실 속에서 살아 숨쉬는 구체적인 일상의 모습이 희석, 각색, 왜곡, 탈색될 우려가 있다. 또한 그렇게 가공되고 정제된 기술결과를 읽어 내려가면서 구체적인 일상의 모습이 시각적으로 그려지지 않고 기술, 설명된 논리에 치중함으로써 오히려 현실과의 거리를 점차 더 멀게 할 수 있는 가능성도 있다. 많은 지식이 현실에 깊게 뿌리내리지 못하고 관념과 추상의 유희로 날아다니는 것은 현실을 매개로 기술, 설명된 글이지만 더 이상 현실에 가까기 다가설 수 없을 정도로 치장되고 윤색되어 있는 경우가 많기 때문이다. 도대체 이 글이 어떤 현실을 기술, 설명하고 이해하고 있는지를 분간하기 어려운 경우가 많다.

문제는 현실을 이해하기 위해서 현실적 사건과 사태들을 총체적 현실로부터 분리(分離)시켜 개체현실을 이해하려는 방법에서 발생한다. 분리시킨 현실은 철저하게 현실과 격리된 상태에서 모종의 처치가 가해지고 철저한 통제가 이루어진다. 처치와 통제가 처치와 통제의 대상이 몸담고 있는 전체 현실과 분리되어 너무나 거리가 먼 장소로 격리(隔離)되어 이루어진다는 데에 문제의 심각성이 놓여 있는 것이다. 분리과정을 거쳐 격리된 현실의 부분은 현실을 구성하는 다른 부분과의 상호작용의 과정을 상실한다. 상호작용의 과정에 개체현실을 이해할 수 있는 정수가 녹아 들어 있는 경우가 많은데, 이런 정수는 일단 개체현실이 전체현실과 분리되는 순간 그 생명력을 잃어 버리는 데 또 다른 문제의 심각성이 놓여 있는 것이다.

현실로부터 무엇인가를 분리시켜 격리시키는 순간 격리된 개체현실은 더 이상 전체현실과 긴밀한 상호작용을 하는 개체현실이 아님을 간파할 필요가 있지 않을까? 따라서 우리는 현실 속에 침잠되어 있어서 현실을 더 근원적으로 파악하지 못하는 오류를 범하지 말아야 할 것이며, 현실로부터 너무 거리가 멀어진 관계로 현실을 설명하는 언어가 더 이상 현실을 이해하는 과정을 도와 주지 못하는 오류도 경계해야 한다. 추상과 관념의 유희가 삶을 이해하는 과정에 오히려 방해하는 공작활동으로 전락하는 어리석음을 범해서는 안 될 것이다. 더욱이 현실로부터 개체현실을 분리시켜 격리된 상태에서 격리되기 이전의 삶의 진실성을 이해하기 위해 아픈 처치와 인정사정 없는 통제를 가하는 가혹한 행위의 영향력을 간파할 필요가 있다.

철학적 추상력 + 문학적 상상력 + 현실적 실천력
학습은 결국 현실적 실천력을 습득하는 과정이다

신영복 교수는 사회과학도가 갖추어야 될 두 가지 품성을 '철학적 추상력'과 '문학적 상상력'이라 했다.[1] 철학적 추상력은 난삽한 단편들을 일정한 논리체계로 엮어내는 관계맺음의 예술로 해석된다. 복잡한 사실, 단편적 정보들을 일정한 형식과 구조에 따라 자신의 관점에 근거하여 개념화시키는 능력이다. 그냥 버리면 단편적인 모래알 정보에 지나지 않지만 그 모래알 정보를 일정한 논리적 구조와 관계로 엮어 내면서 의미를 부여하면 모래알 정보를 아우르는 고도의 포괄적 법칙이 되고 원리가 탄생하며 이론이 구성된다. 따라서 공부하는 사람에게 가장 중요한 능력은 여러 가지 소스로부터 읽은 내용들을 자신의 용어로 재해석하고 재정리하면서 자신만의 독특한 논리체계로 엮어 내는 학습능력이다.

---

1) 신영복 홈페이지 더불어 숲 지음(2001), 『나무가 나무에게』, 서울: 이후.

그렇지 않고서는 읽고 본 내용은 많지만 머릿속에서는 여전히 모래알처럼 산재하는 단편적 정보나 극히 미약한 초보적 수준의 지식으로 잠자고 있게 된다.

동일한 개념일지라도 그것이 쓰이고 있는 상황적 맥락에 따라서 어떻게 다르게 활용되고 있으며, 개념이 탄생한 배경과 지금 쓰이고 있는 상황과는 어떤 점에서 다른지, 나아가 지금 내가 사용하고 있는 개념이 다른 유사 개념과 어떤 점에서 본질적인 뉘앙스상의 차이를 내포하고 있는지를 끊임없이 묻고 또 묻는 가운데 특정 개념에 대한 자기 개념화 작업이 부단히 반복되어야 한다.

개념은 사실적 현상을 기술, 설명, 이해, 해석하는 원료다. 자신이 쓰고 있는 개념, 남이 쓰고 있는 개념이 도대체 어떤 본질적 의미와 속성을 내포하고 있는지에 대한 분명한 이해가 선행되지 않은 상태에서 혼(混)되어 쓰기 시작하면 개념에 기초해서 이루어지는 법칙과 원리와 이론은 사상누각이 되기 쉽다. 철학적 추상력은 바로 학자가 갖추어야 될 고도의 논리적 전개능력이며 학문적 탐구의 기본 출발점으로 작용한다.

철학적 추상력이 머리로 이루어지는 차가운 이성적 능력에 해당된다면 문학적 상상력은 가슴으로 이루어지는 감성적 능력에 가깝다. 철학적 추상력은 주어진 현실과 사건, 특정 지식체계에 대한 논리적 구성력이며 이성적 판단력에 해당하지만, 문학적 상상력은 주어진 현실과 사건, 특정 지식체계에 대한 자기 나름대로의 또 다른 가능성을 생각하고 무한한 가능성 속에서 무한한 다양성을 생각해 내는 사고능력이다. 문학적 상상력은 지나친 논리적 사고의 결과로 현실과 동떨어지는 철학적 추상화의 과정에 일종의 경종을 울리는 역할을 한다. 치밀하게 전개되는 논리 전개 속에서 자칫 간과되기 쉬운 현실적 적합성을 제고하기 위해 다양한 메타포를 동원하여 이해의 편의성을 도모하는 것은 물론 주어진 개념과 개념들이 엮어 내는 글에 대한 독자의 상상력을 발동시켜 저자의 글에 대한 창조적 오독(誤讀)을 불러일으키는 역할을 담당한다. 철학적 추상력을 통해 단도직입적인 분명한 이해의 과정을 촉발시키고 문학적 상상력을 통해 또 다른 의미의 유추가 가능하고 그렇게 이해하는 과정이 오히려 주어진 현상을 더욱 풍부하게 이해할 수 있는 가능성의 문을 열어놓는 것임을 느끼게 하는 것이다.

문학적 상상력이 빠진 철학적 추상은 논리적 설득력은 높을지 모르지만 인문학적 감수성을 자극하기에는 적합하지 않을 수 있다. 따라서 학문하는 사람은 철학적 추상력을 갈고 다듬기 위해서 논리학을 기반으로 남의 글의 논리적 허점을 지적하고 그 대안을 모색하는 연습을 꾸준히 해야 될 뿐만 아니라 주어진 현실에 대한 고도의 개념화 능력을 갈고 다듬기 위해 다양한 방식으로 관계맺음을 시도해 보고 의미를 부여하면서 자신의 논리로 정교하게 가다듬는 연습을 게을리하지 말아야 할 것이다.

이런 맥락에서 철학적 추상력은 학자로서 갖추어야 될 논리적 무기라고 한다면 문학적 상상력은 논리적으로 표현된 추상적 개념화의 결과를 더욱 아름답게 가꾸고 다듬어서 사람들의 감성을 자극하는 인문학적 감수성이라고 볼 수 있다. 또한 철학적 추상력이 자기 전공분야 내부에서 바라다보는 개념화 능력이자 다른 분야를 자기 전공분야에 끌어들여 자기 전공분야에 대한 다른 논리체계를 구축하는 치열한 사고의 결과라고 볼 수 있다.

이에 반해서 문학적 상상력은 자기 전공분야를 다른 학문분야에서 안으로 들여다보면서 자기 전공분야를 살찌우고 다르게 생각할 수 있는 다양성과 차별성을 갖게 하는 상상력의 소산이다.

철학적 추상력과 문학적 상상력 이외에 학자는 모름지기 자신이 옳다고 판단하는 의사결정의 결과, 학문적 탐구의 결과를 과감하게 현실에 적용하고 모종의 변화를 꾀하는 실천력을 함께 가질 필요가 있다. 학문적 탐구의 과정은 현실과 동떨어진 상태에서 이루어지는 철학적 추상화의 작업도 아니며, 더욱이 현실을 미화시키고 각색하는 문학적 상상의 과정도 아니다. 오히려 학문적 탐구의 과정은 주어진 현실을 끌어안고 개별적 현상 속에 숨어 있는 구조와 패턴을 발견하여 이론화시키는 철학적 추상화의 작업이며, 이를 독자로 하여금 더욱 쉬우면서도 풍부하게 이해하고 느낄 수 있도록 갈고 다듬는 문학적 상상의 과정일 뿐만 아니라, 현실공간을 매개로 철학적 추상과 문학적 상상의 결과를 실험하고 모종의 실천적인 변화를 도모하는 현실적 실천의 과정이다.

즉, 철학적 추상과 문학적 상상이 추상과 상상의 대상인 현실을 매개로 끊임없이 실천되는 과정에서 검증(verification)·반증(falsification)·확증(confirmation)되는 현실 변혁력을 지닌 이론을 생산해 내는 과정이다. 추상과 상상의 과정이 물론 현실을 등한시하고 배제한 상태에서 이루어지는 과정이 아님은 재론의 여지가 없다. 추상과 상상이 모두 현실을 매개로 이루어지는 관념의 과정과 결과라면 이러한 과정과 결과를 더욱 설득력있고 실천의 연대를 가능케 하는 현실적 실천력을 배가시키는 부단한 자기투쟁의 과정이 없다면 철학적 추상과 문학적 상상도 관념의 유희로 옮겨갈 가능성이 있다. 따라서 철학적 추상과 문학적 상상은 현실적 실천과 긴밀한 연계성을 가질 필요가 있다. 모름지기 학자는 철학적 추상력, 문학적 상상력 그리고 현실적 실천력을 배가시키기 위해 치열한 자기 투쟁을 전개해 나가야 할 것이다.

'끌어안기 學'과 '밀어내기 學'*
학습은 결국 '끌어안기 學'을 실천하는 과정이다

창작물의 창작은 겉으로 떠돌아다니는 정보 덩어리에 의해 이루어지지 않는다. 더욱이 죽은 개념들의 논리적 조작에 의해서 탄생하지 않는다. 창작의 과정은 한정된 정보와 인간의 상상력이 용해되어 탄생한다. 더 나아가 그 창작물이 진정 인간의 삶 속에서 구체적인 가치를 창출하기 위해서는 창작의 과정은 철저하게 인간적 삶의 컨텍스트 속에서 이루어져야 한다. 수사학적 기교와 논리적 개념조작 그리고 실체성이 없는 죽은 언어의 유희 속에서 탄생한 창작물은 관념의 나래를 펴고 오히려 일상적 삶의 세계와 멀어져 간다. 가식으로 얼룩진 포장 속에 숨어 있는 현란한 텍스트가 구체적 컨텍스트에 근거하지 않을 때 나타날 수 있는 현상은 텍스트 속에 잠재되어 있는 메시지의 의

---

* 이 글은 이동언(2000), 『삶의 건축과 패러다임 건축: 허망한 건축의 극복을 위해 철학이라는 길을 걷다』(서울: Spacetime)라는 책을 읽으면서 느낀 아이디어를 토대로 쓴 글임을 밝혀 둡니다.

미와 가치가 아무런 힘을 발휘하지 못하게 함으로써 컨텍스트와의 거리를 더욱 넓힐 뿐이다.

특정 사물이나 현상, 또는 사태 등을 단순히 보통 명사로 코드화시키고 개념화하며 추상화시키는 작업을 통해서 탄생한 텍스트는 참을 수 없는 존재의 가벼움 그 자체이다. 그 텍스트 속에는 삶의 일상이 있는 컨텍스트는 증발되어 있다. 구체적인 삶의 일상 속에 끈끈하게 녹아 있는 시공간적 맥락을 읽어 내지 않고 책 속에 존재하는 진리의 꼬리표를 쫓아다니면서 조작해 낸 논리를 보면 참을 수 없는 존재의 무거움을 느낀다. 산은 간단한 삼각형으로 그 존재의 모습을 충분히 드러내지 못한다. 삼각형으로 표출된 산은 산의 참된 모습이 아니다.

"산의 살아 있는 내용적 질(quality)을 찾아내는 방법은 오로지 우리의 신체를 통해 산의 모습을 만지는 방법뿐이다."[1] 산의 주위에서 산의 모습을 보고 느낀 다음 산의 일부 형상을 도출하는 활동은 산을 이해하는 본질에서 벗어나 있다. 산을 산이라는 컨텍스트에서 벗어나 책상에서 산의 모습을 추상화시킨 개념으로 이해한 사람들은 산의 모습이 구체적인 형상으로 떠올려지지 않는다. 산의 본질은 산 속으로 뛰어들어 땀 흘려 올라가 보고 중간에 쉬면서 산의 구체적인 형상을 어루만져 보고 그 느낌을 정리해 보는 가운데 파악될 수 있다. 한마디로 산을 끌어안고 뒹굴면서 체험하지 않고서는 산의 온전한 모습이 내게로 다가오지 않는다.

일상적 현실을 이해하기 위해서는 일상적 현실 속으로 들어가

---

1) 이동언(2000), 『삶의 건축과 패러다임 건축: 허망한 건축의 극복을 위해 철학이라는 길을 걷다』, 서울: Spacetime, p. 195.

일상적 현실을 온몸으로 느껴보고 경험해 보는 '끌어안기 學' 이
필요하다. 구체적 삶이 역동적으로 전개되는 복잡한 삶의 컨텍
스트에서 멀리 떨어져 존재하는 방관자적 자세로는 수많은 변수
들이 한데 어울려 한판 춤이 벌어지는 복잡한 일상을 송두리째
간파해 내기 어렵다. 일상을 이해하기 위해서는 일상으로 뛰어
들어 그들의 흐름에 동참해야 한다. 흐름의 와중에서 느끼고 깨
달은 바를 논리적 정제장치에 걸러서 정리한 추상적 관념의 유
희들로 텍스트를 만들 것이 아니라 자신이 거주하는 세계 속으
로 뛰어들어 혼을 불어넣고 거기서 체험한 바를 일상용어로 표
출시키는 끌어안기식 실천이 필요하다.

"때로는 면면히 흘러서 오늘에 이른 전통의 흐름 속으로 뛰어
들어 이미 우리에게 부과된 절실한 삶의 과제를 읽어 내야 한
다. 거대한 텍스트의 흐름을 단순히 외부에서 피상적으로 관찰
하고 어쩌다 잡은 그림자를 수없이 엮어서 이를 담론화시켜 추
상화된 이론을 만들어서는 안 된다."[2] 사물의 본질을 제삼자의
관찰자 입장에서 이해할 경우 일상적 삶의 현실 속에서 흐르고
있는 사물의 본질 즉, 인식의 객체가 인식의 주체와 철저하게
분리됨으로써 사물의 본질이 하나의 지칭대상으로만 다가온다.

우리는 그 동안 '밀어내기식 學' 에 젖어 있었다. 그 동안 인식
주체와 인식객체를 분리독립시켜 인식객체를 이해하려고 노력
해 왔다. 오빠의 경상도 사투리인 '오라베' 를 경상도라는 지역
적 특수성과 경상도가 놓여 있는 상황적 맥락성을 증발시켜 버
리고 텍스트 위에 떠 있는 '오라베' 라는 개념적 의미를 이해하

---

2) 이동언(2000), p. 223.

는 탈맥락적 접근방법을 즐겨 사용해 왔다. '오라베'를 경상도라는 맥락 속에 투영시키고 그 속에 들어가 경상도라는 맥락 속에서 흐르는 의미와 가치를 거세해 버렸다. 하이데거 용어를 빌리면 세계 내에 단순히 존재하는 수준을 넘어서서 세계 내에 '거주함'을 통해서만이 세계 내에 존재하는 사물의 본질을 이해할 수 있다. 사물과 현상 속에 잠재되어 있는 무수한 변수들을 그 동안 끊임없이 밀어내기식 이성을 통해 자신의 구미와 취향에 맞는 것만 하나씩 하나씩 추출해서 이해하고 사용해 왔다. 이미 설정되어 있는 가치판단의 기준에 비추어 사물과 현상을 밀어내고 사물과 현상 너머에 존재한다고 생각되는 이상 또는 이데아를 발견하려고 노력해 왔다. 추상적 관념과 논리적 개념에 의해 밀려나가 있는 구체적 삶의 형상들을 구체적 삶이 이루어지고 있는 컨텍스트 속으로 빠져들어가 그 속에서 벌어지는 수많은 것들을 온몸으로 끌어안아야 한다.

　땅속에 박힌 돌멩이를 고착되어 있는 명사로 추상화시켜 돌멩이가 보유하고 있는 구체적인 의미를 밀어낼 것이 아니라 땅속에 박힌 돌멩이의 다양한 모습과 형상을 돌멩이가 박혀 있는 그 컨텍스트와 돌멩이를 한꺼번에 부둥켜 안고 이해하는 노력이 필요하다.

　"각종 서구의 해체적 내지 탈구조주의의 사조에 힘입어 기표들의 현란한 감성적 만남에 매혹을 느끼기 시작한다. 그러나 그들은 그러한 만남이 우리의 삶으로부터 이탈된 것임을 전혀 눈치채지 못한다. 삶과 최첨단 기술이 따로따로 노는 황당한 사오정의 시대가 도래한 것이다."[3]

---

3) 이동언(2000), p. 252.

정답과 현답

학습은 현답(賢答)을 찾아 나서는 고뇌의 여정이다

우리 교육은 정답을 찾는, 기교를 찾는 교육이라고 해도 과언이 아닐 정도로 주어진 문제에 대한 정답찾기 훈련에 많은 시간과 노력을 투자해 온 감이 없지 않다. 정답은 사고의 과정을 한곳으로 몰아붙이는 수렴적 사고를 강요한다. 몰라도 추측해서 확률적으로 맞출 가능성은 얼마든지 있다. 실제로 나 자신도 그런 정답찍기 요령을 미국 유학가기 이전에 두 달 정도 영어학원에 다니면서 맹훈련을 한 결과 기대 이상의 성과를 본 적이 있다. 토플의 듣기 시험에서 단기간에 높은 점수를 기대할 수는 없지만 미국학교에서 요구하는 550점을 넘어서기 위해서는 LC(Listening Comprehension) 파트를 어느 정도 넘어서지 않으면 안 되어 학원에서 두 달간 집중적으로 훈련을 받은 다음 토플 550점을 가볍게 넘어설 수 있었다.

어차피 잘 안들리는 혀 꼬부라지는 소리니까 완벽하게 알아듣고 정답을 찾는다는 것은 너무도 어렵기에 '이런 식으로 들리는 것 같으면 이런 게 정답일 확률이 높다' 는 식의 LC 특강이었다.

예를 들면, 수동태로 문장이 틀리는 것 같으면 능동태로 되어 있는 것을 무조건 찾으라는 식의 정답찍기 비법 강좌였다. 지금 생각하면 참으로 어처구니 없는 요령이었지만 단기간에 점수를 올리는 방법으로는 탁월한 방법이었다. 토플의 다른 분야도 마찬가지 요령으로 학습했던 기억이 생생하다. 문법부분에서는 문제의 유형과 패턴을 분석한 다음 '이런 식의 문제는 이런 유형의 답안이 정답이다' 라는 식의 정답찍기 특훈(特訓)이었다. 이런 훈련을 통해서 터득한 나름대로의 노하우는 시험지 위에서는 탁월한 효과를 볼 수 있었지만 실제로 영어를 써야 되는 실전에서는 전혀 도움이 되지 않는다는 사실은 말하지 않아도 잘 알 수 있을 것이다.

이제 시대가 바뀌어서 이런 식의 요령도 과거에 비해 그렇게 많이 통용되지 않을 것이다. 많은 시험문제가 난이도가 높아지고 있고 고차적인 사고력을 물어보는 문제도 등장해서 수험생입장에서는 점점 고득점을 획득하기가 어려워지고 있다고 한다. 그렇지만 여전히 우리가 흔히 보는 시험은 여전히 정답을 요구하는 문제로 이루어지고 있다. 정답은 별다른 예외조항이 없는 하나의 정답을 요구한다. 하나 뿐인 답을 찾기 위해서 여러 가지 확률론적으로 분석하는 편법을 쓰기도 한다. 그래서 실제로는 그 문제에 대해서 전혀 이해하지 못했지만 답을 맞추는 운좋은 경우가 많다. 이와 같이 정답중심의 교육은 정확하고 완벽한 답을 요구하기에 정답에서 조금이라도 벗어나면 무조건 오답으로 처리한다. 정답과 오답(誤答)의 차이는 이론적으로 하늘과 땅의 차이만큼이나 현격하게 벌어져 있지만 오답이라고 해서 모두 똑같은 수준의 오답으로 판단하기 어려운 경우가 많다. 정답에

비추어 볼 때 똑같은 오답이라고 해도 정답에 근접한 오답이 있
을 수 있고 정답과 정말 거리가 먼 엉뚱한 답이 있을 수 있지만
정답을 강요하는 교육은 정답이 아닌 답은 모두 오답으로 처리
될 수밖에 없는 운명이다.

　과연 이런 정답과 오답만이 존재하는 교육이 진정한 의미의
교육이 요구하는 본래의 모습일까? 교육이 한 사람으로 하여금
성숙·발전할 수 있도록 조력해 주는 일련의 과정이라고 한다면
정답에 어느 정도 근접해 있느냐에 따라서 그 사람의 성취결과
를 판정하는 것이 진정한 의미의 교육이 추구해야 되는 모습이
아닐까? 따라서 정답을 강요하는 현행 교육방식에서 여러 가지
정답이 존재할 수 있는 새로운 교육의 모습으로 현답(賢答)을 요
구하는 교육은 어떨까? 현답은 주어진 문제에 대한 가능성이나
정답이 되기 위한 조건을 제시한다. 하나의 답을 요구하는 정답
에 비해 현답[5]은 주어진 문제에 대한 여러 가지 가능성 있는 답
을 요구한다. 따라서 정답은 맞았느냐 틀렸느냐의 흑백논리적
사고와 이분법적 사고를 조장하지만 현답은 주어진 문제에 대해
서 어느 정도 적절하냐 그렇지 못하냐 라는 정도의 문제이기에
여러 가지 다양한 가능성을 생각할 수 있는 사고방식이다.

　정답보다 현답이 더욱 설득력을 가질 수 있는 이유는 우리 현
실은 답이 하나밖에 존재하는 것이 아니라 복수의 해답이 존재
하기 때문이다. 우리가 발을 딛고 서 있는 현실에는 언제나 이
것이냐 저것이냐의 양자택일 문제상황만이 존재하는 것이 아니

---

5) 현답이라는 아이디어는 최근 『클릭, 내 머릿속의 아이디어 터치』라는
　책을 쓴 강현우 씨의 아이디어에서 빌려온 것임을 밝힘.

라 여러 가지 복수의 답이 존재할 수밖에 없는 경우가 부지기수로 존재한다. 아니 엄밀히 말해서 정답에 가까운 무수히 많은 가능성 있는 답이 존재한다. 정답을 중시하는 교육은 주어진 문제에 대한 하나의 해답을 어떻게 찾을 것인지를 고민하지만 현답은 주어진 문제에 대한 답이 될 수 있는 조건을 찾아보고 여러 가지 다양한 대안을 모색해 보는 과정을 중시한다. 또한 현답은 아이디어를 추가로 생각해 낼 수 있는 무한한 소스를 제공해 준다.

우리 교육이 진정한 창의력을 중시하는 교육으로 전환하려면 하루빨리 하나밖에 존재하지 않은 '정답중심의 교육'에서 여러 가지 답이 가능한 그리고 때로는 정답과는 비교가 안 될 정도로 엉뚱하지만 답을 찾는 길을 안내해 주고 아이디어를 생각해 내는 데 도움을 제공해 줄 수 있는 '현답중심의 교육'으로 전환될 필요가 있다.

우김질의 유형과 주장의 타당성

학습은 외부로부터 입수된 정보를 끊임없이 우김질하는
과정이다

신영복 교수의 『감옥으로부터의 사색』[1]이라는 책에 보면 우
김질에 대해서 다음과 같은 여섯 가지 유형을 제시하고 있다.
이 우김질은 어찌보면 공부하는 사람들의 여섯 가지 유형이라고
보아도 크게 무리는 아닐 것이다. 특히 공부하는 사람들의 글쓰
기 유형 또는 이를 통해 자기 주장을 펼치는 여섯 가지 유형이
라고 볼 수도 있을 것이다.

첫째, 우김질은 '입만 있고 귀는 없는' 우격다짐이라고 볼 수
있다. 목소리 큰 놈이 이긴다는 얘기가 이런 유형에 해당된다.
큰 목소리 하나로 끝까지 자기 주장을 토해 내기 때문에 다른
사람들의 주장은 당연히 들으려고 하지 않는다. 목소리가 작은
다른 사람들은 상대의 주장이 너무 크게 들리기 때문에 그냥 기
가 죽어서 한마디도 못하고 주저앉는 경우가 많다.

---

1) 신영복(1918), 『감옥으로부터의 사색』, 서울: 돌베개.

둘째, '부전승으로서의 우김질'이다. 이러한 우김질은 그 주장에 날카로운 신경질성 발언이 많이 포함되어 있어서 상대방이 판단하기에 자칫 감정적 싸움으로 번질 우려가 있으므로 주장의 시비나 쟁점을 논의하는 것을 스스로 기피하게 만드는 유형이다. 그래서 자동적으로 핏대를 올리면서 신경질적으로 감정적 주장을 토해 내는 사람이 부전승을 올라가는 우김질이다.

셋째, '물량시대의 상업광고의 아류처럼 느껴지는 우김질'이 있다. 화려한 미사여구와 현학적인 수사기교를 동원하여 주장의 본질과 정체를 파악하지 못하게 다양한 수법으로 위장하는 우김질이다. 주장을 펼치는 과정에 동원되는 최고급의 형용사와 푸짐한 말 잔치 속에서 상대방은 주눅이 들어 논의의 과정에서 스스로 퇴장하는 경우가 많다. 이러한 우김질 속에는 또한 말이 따발총처럼 꼬리에 꼬리를 물고 계속되기에 상대방이 도저히 파고 들어갈 기회조차 갖지 못하는 경우도 많다.

넷째, '촌놈 겁주려는 매판적 방법을 활용하는 우김질'이다. 이러한 우김질에는 '누구누구의 말 또는 이론에 따르면', '무슨 책에 보면' 등과 같이 자기 주장의 정당성을 입증하기 위해 수많은 선진이론이나 말을 인용하면서 논리를 전개한다. 외우기도 어려운 외국이론과 기술제휴(?)를 통해 토종들의 얄팍한 지식체계에 겁을 주려는 방식이다. 특히 자기 주장의 사회문화적 역사성과 맥락성은 찾아보기 어렵다. 참고문헌을 많이 인용하느냐의 여부가 주장의 논리적 근거를 확보하는 길이며 좋은 주장과 글을 쓰는지의 여부를 판단하는 기준으로 작용한다. 이런 우김질은 도무지 자기 주장은 어디에 숨어 있는지 알 길이 막막하다.

다섯째, '병렬적으로 나열하는 +의 방법으로서의 우김질'이다. 자기 주장에 '+'적 요인으로 작용하는 것들을 연이어서 계속 나열함으로써 자기 주장의 내재적 한계와 문제점, 즉 '−'적 요인을 상쇄시키려는 의도가 숨어 있는 우김질이다. 자기 주장의 한계와 문제점이 너무도 뻔히 노출되어 있다는 점을 잘 알고 있기에 그것이 노출되지 않도록 상대방이 알아차리기 이전에 숨 쉴 틈을 주지 않고 계속 자기 주장의 긍정적인 측면과 효과만을 연발하는 우김질이다.

여섯째, 가장 지성적인 우김질로서 '관계론적·동태론적 우김질'이다. 자기 주장을 반대되는 주장과 비교 대조하고 전체 속에서 자기 주장이 차지하는 위치를 밝힘으로써 그것의 객관적 의의와 시사점 그리고 통사론적 공시적 입장에서 자기 주장을 동태적 측면을 시계열적으로 제시하는 우김질이다. 이러한 우김질 방법은 자칫 잘못하면 현실과 동떨어진 난삽한 논리와 개념적 허구로 얼룩져서 추상적 관념의 유희로 흐를 가능성도 있다. 생활주변의 일상적인 사례와 범인들의 일상적 삶의 체험이 녹아 들어 있는 구체적인 언어로 자기 주장의 정당성을 입증할 필요가 있다.

여러분은 어떤 우김질로 상대방을 논쟁의 과정에 끌어들이고 대화의 과정에 참여를 유도하고 있는가?

두려움과 떨림

학습은 미지의 대상에 대한 지적 호기심으로 두려움과
떨림이 공존하는 과정이다

두려움은 막연한 대상에 대한 공포와는 달라야 한다. 또한
흔히 두려움은 마땅히 해야 될 의무를 이행하지 않았을 경우에
나타나는 심리적 공포감의 완곡한 표현이기도 하다. 두려움이
구체적으로 현실로 나타난 표현 또는 행동이 떨림으로 이해될
수 있다. 두려움은 막연한 경외심에서 나올 수도 있지만 오히려
상대방을 너무나 잘 알기 때문에 어떤 일이 벌어질지 짐작과 예
측이 안 가서 오는 심리적 불안감이 극에 달하는 과정에서 발생
하며 그것이 지속되면서 떨림이 동반된다. 물론 두려움과 떨림
의 시간상의 전후관계가 반드시 두려움이 먼저 오고 떨림이 나
중에 오는 것은 아니다. 어떤 경우에는 두려움과 떨림이 동시에
동반되어서 전개되기도 하고, 순간적 떨림 뒤에 지속되는 두려
움이 있을 수도 있다. 어찌 되었건 두려움과 떨림은 마음의 평
정을 위한 필연적인 전건(前件)이다. 따라서 두려움과 떨림이 반
드시 부정적이거나 역기능적인 작용을 하는 것은 아니다. 오히
려 학습의 측면에서 볼 때 창조적인 순기능적 작용을 하는 경우

가 많다.

학습은 마음이 불편한 사람과 만나야 일어난다고 한다. 소위 뱃속이 편한 사람과 만나면 머릿속에 창조적 긴장감은커녕 편안하니까 아무런 학습이 발생하지 않는다는 것이다. 만나서 불편하면 일단 대상이 누구냐에 따라 두려움의 대상일 수도 있고 떨림의 대상이 될 수도 있다. 두려워야 떨리고 떨려야 두려운가? 아무튼 두렵거나 떨린다는 것은 지금 심리적 또는 인지적 상태가 불균형 상태임을 시사하는 것이다. 불균형 상태 또는 비평형 상태가 발생해야 사람은 비로소 균형과 평형상태를 회복하기 위해 모종의 조치를 취한다. 그 모종의 조치 중의 하나가 바로 학습이다. 특히, 머리 고픔 즉, 인지적 불협화음이 발생하거나 두려움과 경외, 떨림의 대상이 나타나면 이를 극복하거나 대처하기 위한 조치를 취하게 되는데, 바로 이때 학습이 발생한다. 물론 많은 사람들이 그냥 두려워하고 계속 떨고 있는 현상을 그대로 유지하면서 '어떻게 되겠지'라는 막연한 기대와 우려 속에서 시간을 보내기도 하나 그럴 경우 그 순간을 지나 잠시 동안의 두려움과 떨림을 극복했다고 하지만 비슷한 두려움과 떨림은 또 다른 상황 속에서 얼마든지 다시 만날 수 있기 때문이다.

학습은 새로운 대상에 대한 두려움이 없이는 이루어지지 않는다. 새로움에 대한 두려움은 창조적 긴장감을 유발하는 촉진제다. 두려움이 타인에 의해 타율적으로 조성되는 것보다 자기 스스로 조성하는 것이 학습의 자발성을 살릴 수 있는 가능성이 많아진다. 새로움에 대한 두려움 그리고 상상을 통해 이미지를 그리면서 잔잔한 감정의 떨림을 창조적으로 승화시키면 두려움

과 떨림은 더 이상 역기능적 작용을 함으로써 발산하는 에너지
와 힘을 헛되게 쓰지 않을 가능성이 많다. 특히 흔히 접하고 늘
함께 가까이서 살아가는 범상한 일상에 대한 두려움과 잔잔한
떨림이 없어진다는 것은 그만큼 일상에 익숙해졌다는 증거다.

『지식인과 심층근 대화』[1]라는 책을 쓴 한신대 김영민 철학교
수는 지식인의 자리매김을 앎과 삶의 경계선 상에서 외로운 투
쟁을 하면서 지혜를 만들어 나가는 사람이라고 보고 있다. 외로
운 투쟁은 바로 자기와의 고독한 싸움이며, 늘 창조적 긴장감
속에서 새로운 앎을 향한 두려움이 앞서야 한다. 두려움은 공포
의 대상에 대한 자기 심정의 표현이 아니라 새로운 창조적 앎을
향해 떠나는 사람의 마음가짐이며, 자기 자신과의 창조적 긴장
감을 유지하겠다는 전초전이다. 모름지기 지식인의 자리매김이
앎도 삶도 아닌, 이론도 실천도 아닌, 앎과 삶의 긴장된 경계선,
이론과 실천의 접선인 이론적 실천과 실천적 이론을 위해 그 외
로운 자리를 지키는 두려움이 앞을 가리지 않는다면 지식인의
자리매김이 잘못 되었을 것으로 가정해 본다. 그래서 모든 것에
대한 그 어떠한 두려움도 모두 두려움으로 종식되지 않고 두려
움에서 싹트는 안도의 한숨으로 승화·발전되는 순간 강렬한 심
장박동과 함께 엄청난 학습에너지가 발생한다. 그 순간을 포착
해야 한다.

떨림은 '머리의 떨림' 이라기보다는 '가슴의 떨림' 이어야 한
다. 전문주의라는 미명하에 철저하게 포장되는 이론적, 논리적

---

1) 김영민(1999), 『지식인과 심층근 대화』, 서울: 철학과 현실사.

이성은 과학이라는 자신감으로 버텨 내면서 '가슴의 떨림'을 잊은 지 오래 된 것 같다. 가슴의 떨림이어야 두려움으로 이어지고 두려움을 가슴으로 느껴야 또한 가슴의 떨림으로 지속된다. 차가운 이성 속에서 뜨거운 감성이 녹아 없어진다면 가슴의 떨림도 잔머리 굴리기에 조만간 제압당할 것은 불보듯 뻔한 사실 아닌가? '감각어'가 '개념어'로 통째로 대체되고 철저한 '개념어'로 일상을 추상화시키는 순간 가슴의 떨림은 사라진다. "남을 아프게 하지도 가렵게 하지도 못하고, 구절마다 범범하게 데면데면하여 우유부단하기만 한다면 이런 글을 대체 어디다가 쓰겠는가?"[2] 머릿속의 뜻으로만 조직되어 있는 지식과 그것을 토해 낸 메마른 텍스트는 가슴떨림과 두려움을 유발하기 어렵다. 두려움과 가슴떨림은 일상의 평범한 하찮은 일이라고 하더라도 늘 두려움의 대상으로 생각하고 임하는 자세에서 우러나온다. 너무 일상적으로 길들여진 나머지 일상에 대한 두려움이 없어져 가는 것이 현대인들이 직면하고 있는 가장 심각한 병이라고 볼 수 있다. '다 그런 거지 뭐'라는 사고방식이 일상의 복잡함과 살아 움직임을 정제하고 박제화시킨다. 그래서 '두려움과 가슴떨림도 사라져 간다. 그렇긴 뭐가 그래? 그렇지 않은데….'

---

2) 박종채(옮김)(1988), 『나의 아버지 박지원, 박희병』, 서울: 돌베개.

찾아보기

유 영 만

한양대학교 사범대학 교육공학과 석사과정을 마친 뒤, 미국 플로리다 주립대학에서 교육공학 박사학위를 취득하였다. 미국 플로리다 주립대학 Learning System Institute 연구원을 역임하였고, 삼성경제연구소 인력개발원을 거쳐, 현재 한양대학교 교육공학과 교수로 재직중이다.

저서로는 『교육공학의 학문적 지평 확대와 깊이의 심화』·『추락하는 eLearning엔 날개가 있다』·『아나디지다』·『e-세상, e-러닝』·『민사고 천재들은 하버드가 꿈이 아니다』·『죽은 기업교육, 살아있는 디지털 학습』·『지식경영과 지식관리 시스템』·『지식경제 시대의 학습조직』 등이 있고, 역서로는 『펄떡이는 물고기처럼』·『디지털 경제를 배우자』·『열린조직 열린경영』 외 다수가 있다.

저자와의
협의하에
인지생략

길거리 학습특강
일상적 삶으로부터 배우고 익히는 학습의 지혜

2003년 4월 19일 1판 1쇄 발행
2007년 6월 25일 1판 3쇄 발행

지은이 • 유 영 만
펴낸이 • 김 진 환
펴낸곳 • **학지사**

121-837 서울시 마포구 서교동 352-29 마인드월드빌딩 5층
전 화 • 326-1500(대) / 팩스 324-2345
등 록 • 1992년 2월 19일 제2-1329호
http://www.hakjisa.co.kr

ISBN 978-89-7548-852-8 93370

정가 9,000원

잘못된 책은 구입처에서 교환하여 드립니다.